区域创新系统
测度分析与比较研究

伍虹儒 ○ 著

QUYU CHUANGXIN XITONG
CEDU FENXI YU BIJIAO YANJIU

西南财经大学出版社
Southwestern University of Finance & Economics Press
中国·成都

图书在版编目(CIP)数据

区域创新系统测度分析与比较研究/ 伍虹儒著. —成都:西南财经大学出版社,2015.12
ISBN 978-7-5504-2282-7

Ⅰ.①区… Ⅱ.①伍… Ⅲ.①区域经济—国家创新系统—研究—中国 Ⅳ.①F127
中国版本图书馆 CIP 数据核字(2015)第 312234 号

区域创新系统测度分析与比较研究
伍虹儒 著

责任编辑:林 伶
助理编辑:唐一丹
封面设计:何东琳设计工作室
责任印制:封俊川

出版发行	西南财经大学出版社(四川省成都市光华村街 55 号)
网 址	http://www.bookcj.com
电子邮件	bookcj@foxmail.com
邮政编码	610074
电 话	028-87353785 87352368
照 排	四川胜翔数码印务设计有限公司
印 刷	郫县犀浦印刷厂
成品尺寸	148mm×210mm
印 张	6.875
字 数	170 千字
版 次	2015 年 12 月第 1 版
印 次	2015 年 12 月第 1 次印刷
书 号	ISBN 978-7-5504-2282-7
定 价	33.00 元

1. 版权所有,翻印必究。
2. 如有印刷、装订等差错,可向本社营销部调换。

序

本书针对中国区域创新系统的实际情况，建立了适合中国区域创新系统的分析框架。在此基础上，从区域创新系统知识流动、演化分析、创新绩效测度和创新环境等方面对中国区域创新系统进行了研究，并取得了一些研究结果。

第1章从创新对经济增长的重要作用、创新系统理论、区域创新系统的研究现状、研究区域创新系统测度分析和比较的方法方面进行分析，形成本书的研究框架。

第2章从开放系统的角度出发，以省级区域创新系统作为研究对象，建立了适合我国实际情况的区域创新系统分析框架。该分析框架详细描述了我国区域创新系统的知识流动、资金流动、创新环境以及区域创新系统内部各个要素之间的交互作用关系。以专利申请量作为判定区域创新能力的指标，将我国划分为高创新能力、中等创新能力和低创新能力三大地区。

第3章以论文合著数据作为区域创新系统内部知识流动的指标，研究了知识流动演化的特点，发现研究机构和企业之间的知识流动是我国区域创新系统内知识流动的瓶颈。以论文引用为测度指标，研究和分析了我国区域创新系统知识吸收和溢出的特点。研究结果表明，知识溢出相对知识吸收来说，具有被动的特点。从系统协同学的角度出发，对我国区域创新系统内部知识流动的稳定性进行了研究，揭示了我国区域创新系统知识流动的特点。研究结果表明，各类系统内的各个区域不同机构之间知识流动的相对强度和稳定性各具特点。

第4章使用主成分系统评估、回归分析和因子分析等方法对区域创新系统的演化特点和创新系统创新投入同创新能力关系进行了研究。研究结果表明，企业同研究机构的合作效果较差，增强企业的研究开发投入是提高区域技术创新能力的主要途径。

第5章根据运筹学理论，建立了测度区域创新系统创新绩效的DEA理论模型，利用DEA理论模型研究了我国创新系统各个创新主体和创新投资对创新绩效的影响。研究结果表明，创新绩效同创新能力之间没有必然联系，各个地区影响创新绩效的主要因素各不相同，多数地区研究开发成果的商业化程度不高。

第6章根据信息理论，建立了分析创新系统硬环境同知识溢出和吸收的模型，使用数理统计方法分析了硬环境对知识吸收和溢出的影响。以信用环境讨论为中心，定性分析了区域创新软环境与区域创新系统创新绩效的关系。建立了描述创新人力投入、财力投入和人均科技经费投入与区域创新能力的关系函数，分析了创新人力和财力投入环境对区域创新能力的影响。研究结果表明，良好的创新环境有利于知识的吸收和溢出。创新投入先表现为边际收益递减，当投入超过临界点时，边际收益从递减转化为递增。

第7章从区域创新系统和区域经济增长、技术选择机制、可持续发展观念、对绿色技术创新推动和产业结果进化等多角度出发，研究了区域创新系统同区域可持续发展交互作用关系的机理，提出了区域创新系统和区域可持续发展交互作用关系的机理。

第 8 章结合对北京地区新材料企业的实证研究，提出了基于工艺创新的三维技术创新模型和基于创新系统的企业技术创新过程模型，并利用上述两模型研究了两家新材料企业的技术创新过程。研究结果表明，市场竞争压力、企业信息搜集和加工能力较弱、技术差距过大、生产规模较小、国家产业政策失误，研究机构和高等学校在科研与人才培养上同企业需求脱节六个方面是目前北京新材料企业技术创新过程中的瓶颈。

本书对我国区域创新系统进行了测度分析和比较研究，发现了我国区域创新系统存在的问题，为区域政府创新政策的制定提供了理论依据，对提高我国区域技术创新能力具有重要的理论意义和实用价值。

目　录

1 绪论 / 1

　　1.1 技术创新对经济增长的重要作用 / 1

　　1.2 技术创新模型的发展 / 3

　　1.3 区域创新系统测度的研究现状 / 9

　　1.4 研究区域创新系统测度分析和比较的方法 / 12

2 区域创新系统的分析框架 / 19

　　2.1 有关创新系统分析框架的理论回顾 / 19

　　2.2 我国区域创新结构 / 25

　　2.3 区域创新系统的分类 / 29

3 区域创新系统知识流动研究 / 35

　　3.1 区域创新知识流动的重要意义 / 35

　　3.2 测度区域创新系统知识流动指标 / 36

3.3 我国区域创新系统内部知识流动的整体状况分析 / 39

3.4 区域创新系统内部知识流动演化分析 / 41

3.5 区域创新系统内部知识流动的研究结论和政策建议 / 46

3.6 各地区知识吸收能力的研究 / 49

3.7 各地区知识溢出状况研究 / 51

3.8 区域创新系统知识流动稳定性的测度研究 / 54

4 区域创新能力不平衡性及其投入因素分析 / 64

4.1 区域创新能力投入决定因素的指标体系 / 64

4.2 我国区域创新系统创新能力不平衡性的演化过程 / 66

4.3 创新能力决定因素的综合测度指标及其不平衡演化 / 70

4.4 区域创新能力的影响因素与创新能力的关系 / 75

4.5 我国区域创新系统的演化及其与区域创新能力的关系 / 82

5 区域创新系统创新绩效测度 / 93

5.1 DEA 理论与方法简介 / 93

5.2 区域创新机构对创新绩效的影响 / 98

5.3 创新资源配置对区域创新绩效的影响 / 105

5.4 基于可持续发展持续的创新绩效分析 / 107

5.5 不同研究开发产出的创新绩效比较分析 / 109

5.6 本章政策建议的补充说明 / 111

6 区域创新环境研究 / 112
6.1 评价区域创新环境的指标体系 / 112
6.2 区域创新环境对知识吸收和溢出能力的影响 / 115
6.3 地区知识产出能力差距与地区间知识流动的研究 / 117
6.4 区域创新软环境分析 / 120
6.5 区域创新投入与创新能力的关系研究 / 127

7 区域创新系统与区域可持续发展的关系 / 133
7.1 区域创新系统与经济增长的关系 / 133
7.2 区域创新系统技术选择机制 / 135
7.3 区域创新对可持续发展观念的培养 / 137
7.4 区域创新系统对绿色技术创新的推动 / 138
7.5 区域创新系统与产业结构的关系 / 140
7.6 区域创新系统与可持续发展的关系 / 141

8 北京地区新材料企业技术创新过程实证研究 / 143
8.1 研究新材料企业技术创新过程的基本方法 / 143
8.2 研究企业技术创新过程模型 / 144
8.3 基于工艺创新的企业技术创新模型 / 148

8.4 国内外材料生产企业技术创新的比较 / 152

8.5 政府角度技术创新过程模型的发展 / 159

8.6 影响北京新材料企业技术创新的主要因素及其分析 / 164

8.7 技术创新政策工具分析 / 167

8.8 解决北京新材料企业技术创新瓶颈的政策建议 / 168

8.9 总结与展望 / 175

参考文献 / 179

附　录 / 198

1 绪论

1.1 技术创新对经济增长的重要作用

技术创新过程是知识的产生、创造和应用的进化过程，是将知识、技能和物质转化成客户满意的产品和服务的过程。研究表明，知识和技术的投资具有较高的回报率，技术创新对经济的推动作用不断增强，技术创新对国家和区域的经济发展的重要作用已逐步成为了共识。

经济增长代表一个国家潜在 GDP 或国民产出的增加，当一个国家生产可能性边界向外移动时，就产生了经济增长。任何国家和地区政府都希望经济增长，但采取促进经济增长的方式有所不同。随着经济学研究的不断深入，人们对技术创新在促进经济增长方面作用的认识也不断深入，特别是罗默（Romer）的研究工作，使我们认识到技术水平是导致各国和各地区生活水平差异的主要原因。在投入不变的情况下，技术创新能够使产出增加，因而技术创新是经济增长的关键因素。莫维利（Mowery）和罗林伯格（Rosenberg）的研究认为国家技术创新对推动其经济增长具有重要作用。所以，各国和各地区关于经济增长的政策应当着重于如何提高该国和该地区的技术水平。

创新系统理论有助于一个国家确定在技术上如何投资，并根据这种投资的效果，去理解不同国家在投资模式上的不同和造成不同国家技术上存在差距的原因。

我国的经济增长长期以来所走的道路为：依靠增加实体性要素的数量，依靠增加生产资料、劳动力和扩大劳动场所的外延式扩大再生产。虽然我国经济在改革开放中增长较快，但增长主要不是来自于技术进步，而是改革导致的资源优化配置的结果促进了劳动生产率的提高，特别是对经济增长贡献较大的非国有部门的迅速发展。近年来，一些发达国家的经济增长所走的道路为：依靠技术进步，改善实体生产要素的质量，提高劳动生产率和生产资料利用率的内涵扩大再生产。发达国家经济的发展表明，技术进步在今天对经济增长具有重要作用。正如列宁所指出的："经济学家要永远向前看，向技术进步这方面看，否则他马上就会落后。"[①] 到20世纪末，我国已建立了社会主义市场经济体制的基本框架。2001年12月16日，我国正式成为世界贸易组织的成员，标志着我国进一步融入了全球经济一体化的浪潮之中。只有依靠技术创新，提高国家和区域的创新能力，才能提高我国经济增长的质量和效益，使我国在国际经济竞争中占有一席之地，推动国民经济的健康发展。

我国《国民经济和社会发展第十个五年计划纲要》在有关科技进步和创新，提高持续发展能力部分指出：要面向经济建设，围绕结构调整，按照有所为、有所不为的方针，总体跟进，重点突破，发展高科技，实现产业化，提高科技持续创新能力，实现技术跨越式发展，力争在主要领域跟住世界先进水平。朱

[①] 列宁. 列宁全集（第五卷）[M]. 北京：人民出版社，1972.

镕基在对"九五"时期国民经济和社会发展的回顾中指出[①]：国民经济整体素质不高，国际竞争力不强；……科技、教育比较落后，科技创新能力弱等经济和社会发展中存在的问题，必须高度重视，进一步采取措施，努力加以解决。

鉴于技术创新对经济增长的重要作用，经济工作中必须科学制定有关技术创新政策，推动技术创新，把经济建设转移到依靠技术进步的轨道上。随着有关技术创新理论的不断发展，从系统的角度出发，来研究技术创新理论和政策成为当前研究的重点。

1.2 技术创新模型的发展

1.2.1 从线性创新模型到创新系统理论

科学制定技术创新政策，必须以科学的技术创新理论为指导。随着人们对技术创新过程认识的不断深化，指导技术创新政策制定的理论模型也在不断的变化和发展，这些理论模型为科学制定技术创新政策提供了理论基础。

线性创新模型认为科学研究产生技术，技术满足市场需求，该模型认为从基础研究到应用研究，再从应用研究到技术商业化应用是一个没有反馈的平滑过程。线性创新模型自从第二次世界大战以来就为研究者所接受，以至于在许多的创新决策中，有很多人认为只要基础研究搞上去，技术创新的水平就自然会跟上去。

---

① 朱镕基. 关于国民经济和社会发展第十个五年计划纲要的报告 [N]. 国务院公报，2001-4-30.

根据美国经济学家尼尔森（Nelson）和莱文（Levin）在1984年进行的一次工业技术创新的调查表明，科学与产业间的关系较为复杂，有些产业，如材料科学、计算机科学和化学等，高度依赖科学，而有些产业，如地质学则恰恰相反，因此，只加强对基础研究的支持不一定会增强技术创新水平。克莱恩（Kline）和罗森伯格（Rosenberg）对线性创新模型评述中指出：在重大创新和渐进创新中，信息的反馈和试错是不可避免的，而线性创新模型忽略了创新过程中反馈和学习过程。基础研究不一定会导致技术创新，相反，在产品创新和工艺创新的过程中，由于问题求解和测试的需要，常常会扩展基础科学的研究范围，甚至会导致新的数学分支产生。针对线性技术创新模型的上述缺陷，克莱恩和罗森伯格提出了以设计（而不是以研究）为中心，包含多重反馈回路的技术创新过程链环创新模型。该模型强调创新过程中的非线性，表明了创新行为是一个复杂交互作用的网络。在这个网络中，对市场需求的洞察和已有知识的存量构成基础，而科学研究活动是作为已有知识存量的主要来源。同时，创新行为的实现过程，也是不断增加知识存量的过程，研究活动贯穿于创新活动的始终，成为创新过程的参与者。

在技术创新分布过程研究中，希普尔（Hippel）提出创新分布系统的观点，明确表示出政府政策制定者和创新管理者应当从系统的角度去理解技术创新行为。希普尔认为技术创新的源泉至少来自于三个方面，即供应商、制造商和用户，因此，在技术创新中要注重用户、生产者和供应商之间的信息交换和知识流动。

技术经济网络是介于市场和等级组织之间的特殊经济组织，许多有关网络的研究都涉及学习和创新方式的多样性。技术经济网络既包括用户和生产者之间的水平联系，又包括竞争对手之间的合作和非正规的 Know-How 知识交易。正是这些联系的交互作用，推动了技术进步和技术创新的扩散。哈克森（Håkansson）的技术经济网络理论研究表明，为新产品开发而形成的水平联系，能推动技术经济的垂直联系（比如用户和生产者的联系）和新市场的形成。哈克森关于技术经济网络的研究对技术创新系统观点的形成产生了主要的影响。

在最近几年，有关技术创新的研究强调系统的观点，创新系统的观点强调创新系统各个要素之间的相互作用关系。下面对创新系统理论的发展进行回顾。

1.2.2 国家创新系统理论

原始国家创新系统的概念来自于 List 的国家体系概念，以此为基石，英国苏塞克斯大学教授弗里曼（Freeman）提出国家创新系统概念。他的国家创新系统学说来自于对不同国家发展速度不同的反思，并从制度与产业结构上剖析创新的系统性和国家干预的重要性。他在研究日本技术政策和经济绩效的基础上，提出了自己的国家创新系统理论。他发现日本在技术落后的情况下，以技术创新为主导，辅以组织创新和制度创新，只用了几十年的时间，便使国家的经济出现了强劲的发展势头，成为工业化大国。日本产业政策部门通产省的技术政策，日本国家创新系统中的厂商，日本的教育、培训和相关的社会创新等的相互作用对日本的技术进步和经济发展做出了重大贡献。他将国家创新系统定义为：公共、私有部门机构之间的网络，其活动对新技术有引入、启动、改进和扩散的作用。

朗德沃尔（Lundvall）的国家创新系统理论属于国家创新系统研究的微观学派，是以朗德沃尔为代表的一批学者通过考察用户与厂商的相互作用而得来的。朗德沃尔认为国家创新系统是在一个国家之内的生产、扩散和利用经济有效的新知识上相互作用的各种因素和关系。他强调用户和生产者间的相互作用，这种作用可以被理解为一个相互作用的学习过程。在国家的框架内，经济发展的核心问题是其厂商与用户之间的关系，它不但决定了创新的方式，也使市场变成有组织的市场。国家创新系统是历史发展的产物，它不会像生产要素那样比较容易在国家之间进行转移。

尼尔森（Nelson）在分析了美国和日本等国家和地区创新系统对技术创新的支持后提出了他的国家创新系统理论。他认为国家创新系统相当复杂，既包括各种制度因素以及技术行为因素，也包括致力于公共技术知识的大学，以及政府的基金和规划之类的机构。其中，以盈利为目的、相互竞争也彼此合作厂商是创新系统的核心。尼尔森将技术变革的存在及其演进特点当作研究的起点，将重点放在变革的必要性以及制度结构的适应上。尼尔森强调科学和技术发展中的不确定性，并在此基础上提出了多种可能的战略选择。因此，尼尔森认为，一个经济体的主要任务就是保持"技术的多元结构"。这就意味着，制度作为一个整体的丰富内涵，包括分享技术知识的机制，以及各机构与组织之间的合作表现出的相互依赖。尼尔森认为，国家之间在"产业组合"的差异"强烈地影响着国家创新体系的形态"。由于尼尔森的研究侧重制度研究，所以把他称为国家创新系统的制度学派。尼尔森将国家创新系统定义为：国家创新系统是一系列机构间的相互作用，它们决定一个国家的创新绩效。

经济合作与发展组织在上述研究的基础上，于1997年发布《国家创新体系》（National Innovation System）的报告。国家创新系统概念基于这样的前提：要理解参与创新的各行为者之间的联系是改善技术绩效的关键所在。创新和技术进步是创造和传播各种知识的行为者之间错综复杂关系的结果。一个国家的创新绩效在很大程度上依赖于这些行为者在作为知识生产和使用的合作系统中的元素是如何相互关联以及它们使用何种技术。这些行为者首先是企业、高校、公共研究机构及其人员。它们的联系多种多样，可以是共同研究、人员交流、交叉专利、购买设备等其他渠道。对于国家创新系统而言，最重要的是相互作用的网络和系统。在这个系统中，各种机构在科技发展中的联系和关系能够有效解释国家的知识配置能力，知识配置能力被认为是经济增长和提高竞争力的决定因素。

1.2.3 区域创新系统理论

随着知识经济时代的到来，经济全球化速度进一步加快，全球市场竞争日益加剧。全球的要素、资源和分工在不同层次上迅速变化着，并且越来越集中于有个性的地区，不同经济区域的要素构成具有差异性，而具有差异性的经济区域都具有自身的优势，个性化已经成为区域经济存在的基础。区域经济的发展必须依托地区的资源优势，依靠区域创新系统的构建与完善，推动体制创新和科技创新，促进区域经济的发展和产业结构的调整。区域创新已经成为区域经济发展的必由之路。

虽然创新系统的概念产生于对国家创新系统的研究，但是由于概念和方法的原因，主要是规模和复杂性，国家创新系统的研究方法往往在区域中实施。现在的研究者广泛地认识到，技术和产业政策只有在区域的层次上才能得到广泛的理解。与此同时，经济地理学家一直注重新技术创新的空间分布，他们对创新活动的空间、高技术产业区的位置、区域内部创新的复杂性进行研究，并对硅谷和128号公路等地区的创新活动作了实证研究。正如Acs所指出的那样，技术创新活动并不是在整个空间均匀分布，而是集中于特定的区域，空间的接近有利于知识在创新系统中各个要素之间流动。这就促使更多的学者拓展了国家创新系统研究的研究对象，利用创新系统的分析框架去研究区域创新系统。区域创新系统是一定区域内的生产系统，在一定的区域创新环境下，区域内的企业和公共研究机构相互作用和相互学习有利于技术创新，最终推动区域经济增长。

  国家创新系统和经济地理的研究推动了区域创新系统的研究，区域创新系统对区域经济持续发展所起的支撑作用将日益增大。区域创新系统研究范围和对象既有别于微观层次的企业技术创新研究，又有别于宏观层次的国家创新系统研究。然而，无论是在国内还是国外，位于中观层次的区域创新系统的研究却非常有限。较具代表性的研究有英国卡迪夫大学的库克（Cooke）教授，他较早对区域创新系统的理论和实证进行了研究。布拉茨克（Baraczy）、库克和河登里希（Heidenreich）等人对区域创新系统的概念进行了详细的阐述，认为区域创新系统是地理上相互分工和关联的企业、研究机构和大学构成的区域组织体系，而这种体系支持并产生技术创新。加拿大的莫斯（Mothe）教授于1998年出版的《局部和区域创新系统》一书，收入了比较典型的局部和区域创新系统的研究报告，内容主要牵涉区域创新系统的概念及构成。国家科技部马驰教授等对区域技术创新系统的介绍，北京大学王缉慈教授对区域创新环境的介绍。无疑，这些区域创新系统的先期研究是有益的。但囿于区域创新系统的研究尚处于起步阶段，区域创新系统的测度问题还基本处于空白。区域系统的创新成功和创新效率不仅与区域技术优势有关，更重要的是取决于区域内系统中角色的创新行为方式、交互作用关系和创新组织形式。如何正确度量区域中各创新参与者（如企业、研究机构与研究型大学）的创新行为方式和交互作用关系及政府、公共机构对区域创新系统性能的影响仍是悬而未决的难题。特别在定量描述如系统性的数据分析和更深层次的区域创新系统的方法论研究尤为欠缺（需要指出的是,国内目前对国家创新系统的研究也存在概念描述多、系统性研究少的趋势)。西方工业发达国家在创新系统方面的研究,目前无论是在投入规模还是从研究结果方面都要领先于我国。但对于更深层次的具有普遍意义的创新系统(特别是区域创新系统)的测度方法论亦尚处于探索之中。况且,西方工业国家的科技管理体制与我国有着极大的差别。因此,国外的研究结论仅能借鉴,而不能用来指导我国区域创新系统的构建与完善。国内区域创新系统的研究特别是定量研究与分析亟待开展与深化。

1.3 区域创新系统测度的研究现状

1.3.1 国外有关区域创新系统的研究

除了对国家创新系统理论的研究外,国外对区域实证研究和比较分析也较多,特别是国外较为重视在研究创新系统的过程中使用定量分析方法。国外区域创新系统研究主要有下述工作。

库克等人在详细分析国家创新系统理论和实例的基础上,认为由于概念和方法的原因,主要是系统的规模和复杂程度,创新系统的方法用于研究区域创新系统更为合理,并按照发展经济学的观点,在讨论了区域、创新和系统的概念基础上,指出区域的财力、学习能力和创新环境对区域创新系统具有重要作用。

加拿大学者帕德莫尔(Padmore)等人从企业的角度提出创新系统的分析框架,该分析框架主要考虑的是从创新系统的高度来看待企业的技术创新过程,其主要的作用是对区域中的企业进行调查分析，从中发现创新系统的问题。与此同时帕德莫尔提出了基于产业集群角度的区域创新系统的分析框架，该分析框架在波特（Porter）的国家竞争能力钻石模型的四要素基础上，增加了基础设施和市场两个要素，并给出了对区域创新能力进行评估的测算方法，利用该方法可以对创新能力进行定量分析。但是该测算方法必须建立在系统的调查和研究的基础上，对创新系统进行评估时较为费时并且费用较高。

美国学者弗尔曼（Furman）等在波特的国家竞争能力的钻石模型、罗默（Romer）的内生经济增长模型和尼尔森国家创新系统理论的基础上提出了国家创新能力的分析框架。该分析框架认为国家创新能力由创新公共基础设施、企业集群的状况和公共基础设施与企业集群的联系三部分组成。在国家创新能力分析框架的基础上，弗尔曼以发明专利作为衡量国家创新能力的指标，并对 17 个国家的创新能力进行了比较分析。国家创新能力的分析框架不但对国家创新能力分析具有重要意义，对于区域创新能力的分析也具有重要的理论价值。

我们不能将国外众多创新系统研究文献一一列举。国外文献表明，国外对创新系统的研究涉及较多的定量分析，并且配合实例进行研究，这一点值得国内创新系统研究工作者借鉴。

1.3.2 国内区域创新系统的研究现状

国内对区域创新系统的研究起步较晚，代表性的工作主要有王缉慈教授对新产业区的研究、尚勇等对区域创新系统理论与实践的研究、国家科技研究发展报告中对区域科技竞争力的研究和中国区域创新能力报告对我国各地区创新能力的研究，以及柳卸林用区域创新系统的数据作为样本，对国家创新系统进行的研究。

北京大学王缉慈教授从经济地理学的新产业区理论出发，

结合波特教授的国家竞争优势理论,对区域创新系统进行了实证研究。研究结果表明,与发达国家类似,发展中国家新产业区内企业的联系与合作网络,是其持续创新的重要条件。发展中国家同样需要高度重视产业区内企业的合作网络和企业在本地区的根植性问题。产业区内企业间、企业和大学间、企业和研究机构间应大量地相互作用,形成不断促进技术创新的区域社会文化环境。王缉慈教授的研究成果对指导我国高新技术产业区和新兴经济区域的发展具有重要的理论意义。由于研究对象和角度的不同,王缉慈教授的研究没有涉及我国省级区域创新系统测度研究与比较分析,但是她对区域创新系统研究的成果对今后区域创新系统测度研究与比较分析具有重要的理论指导意义。

尚勇等对区域创新系统理论的来源,区域的界定,区域创新系统政府的作用,区域创新网络中政府、大学、研究机构、企业以及中介机构等相互作用的重要性进行了较为详细的论述,但是没有对区域创新系统进行定量的分析。同王辑慈教授观点一样,尚勇等也特别强调在经济全球化的浪潮之下,区域经济发展的必要性,个性成为区域存在的依据,区域创新成为现代区域经济发展的必由之路。

《中国科技发展报告》在对各地区科技竞争力评价中采用了科技投入、科技产出、科技经济一体化程度和科技潜力四类指标对我国各省市区的科技竞争力进行了评价分析,并对各地区按照科技竞争力进行了分类研究。该报告所采取指标体系没有涉及创新系统内各机构间的相互作用,只考虑创新的投入和产出。该报告所采用的指标体系的理论基础不是建立在创新系统的分析框架之上,因此,计算结果没有反映出各区域创新系统的实际状况。

《中国区域创新能力报告》从知识创造、知识流动、企业技术创新能力、技术创新环境和创新的经济绩效等方面对我国各个地区（省级）区域创新系统进行了详细的评价，全面描述了我国对各个地区的创新能力。由于该报告主要目的是评估各个地区的技术创新能力，没有涉及指标之间的相互关系，特别是指标之间的定量关系的分析。

柳卸林于2001年对我国30个省市区的创新能力及其影响因素进行了定量的分析和比较，文中作者采用发明专利作为区域创新能力的测度指标，利用创新人力资源和财力资源作为创新投入要素，定量分析了不同投入要素对创新能力的影响。同年，又提出创新系统的分析框架，该分析框架围绕研究开发、技术实施、最终用户、教育和系统要素间的相互联系展开，在该分析框架的基础上，详细分析了中国国家创新系统的转换和演化。柳卸林的研究从国家创新系统的角度出发，涉及了我国区域创新系统的比较，为定量研究中国区域创新系统的演化和发展奠定了基础。

经过许多学者的努力，我国区域创新系统的研究取得了较大的进展，对推动区域创新系统的研究起到了一定的作用，但是纵观我国区域创新系统的研究现状，其主要特点如下：概念介绍多，定量分析少，特别是没有建立起适合我国实际情况的具有系统观念区域创新的系统测度研究与比较分析方法。

1.4 研究区域创新系统测度分析和比较的方法

1.4.1 区域创新系统研究范围的确定

区域是技术创新产生和扩散的主要环境，是政府行为较为直接的目标。在分析国家创新系统的过程中，从区域创新系统自下而上研究要比研究整个国家创新系统容易的多，这些构成国家创新系统的区域创新系统，如果从行政单元的角度来划分（比如省），将更容易描述和测度。自从 20 世纪 80 年代以来，由于我国地域较广，区域成为科技政策制定的主要对象。

按照黄鲁成教授对区域创新系统研究内容的论述，区域创新系统的理论研究首先必须界定其所要研究的经济区域。他认为由于经济区域是特定时空范围内社会资源、技术资源和自然资源的集合，区域是根据自然特点、过去的文化积累、区域内居民及其生产技术的特点，按照一定的目的而划分的，而行政区域的形成也有相似的自然、社会和经济资源的历史基础，也基本符合经济区域的特点，因此把省级行政区域作为区域创新系统研究对象是合理的。

中国区域创新能力报告对区域的选择以省为单位进行研究，主要基于下述理由：首先，省市自治区是基本的行政管理单位，如果不同地区的资源和文化相同，但技术创新能力不同，这种结果更具有学术价值。其次，省市自治区有相对完整的统计资料。最后，行政区域是其区域内经济和科技政策的制定者和管理者，研究省级区域创新系统对科技政策的制定和实施更具有现实意义。

因此，本书考虑的区域创新系统为省级区域创新系统。

1.4.2　主要研究路线

在对创新系统方法和特点的概括中，艾昆斯特（Edquist）指出：创新系统是研究框架，而不是正式的理论。他认为创新系统方法不是从现实的创新系统中抽象出理论模型，并研究创新系统的最优运作方式，而是强调研究、比较不同创新系统的特点；创新过程要经历一定的时间，并且包含多种多样的影响因素和反馈过程，对创新系统的研究应当从知识、创新、组织和机构的演化过程来进行研究。创新系统方法强调在给定的文化、法律和道德的环境下研究不同机构间的相互作用。麦凯尔维（Mckelvey）也认为研究创新系统的机构和学习过程的演化，把创新系统看作是一个不断变化发展的系统来进行研究，对政府制定技术创新政策具有重要意义。

因此，本书主要从比较、分析和演化的角度对我国的区域创新系统进行测度研究。本书将按照国家公布的统计数据，利用系统论的思想，结合运筹学、数理统计等方法，着重研究区域创新系统的演化规律和不同区域创新系统间的比较。从区域创新系统创新绩效测度、演化规律、创新系统各要素的相互作用关系和创新环境对创新绩效影响等方面，分析我国区域创新系统，探明区域创新系统的效率和性能，测量出区域创新系统各个机构以及创新环境对区域创新活动的影响，发现存在的问题，提出相应的区域创新管理的政策建议。

最后通过对北京地区新材料企业技术创新过程的实证研究，从企业的角度研究区域创新系统，分析北京地区创新系统存在的问题。

1.4.3　测度区域创新系统绩效的理论模型

在国家创新系统的理论框架下，结合波特的竞争能力的钻石模型、卡尔森（Carlsson）的技术系统理论、哈克森的经济网络模型，针对我国的科技管理体制，从开放系统的观点和有利于研究创新系统的演化规律以及不同系统间的比较出发，建立适合我国区域创新系统特色的区域创新系统理论分析框架，该分析框架包括区域创新系统所包含主要基本要素和创新系统要素间的相互作用关系的。根据该分析框架，结合国家公布的统计数据和统计数据库，分析适合我国实际情况的测度区域创新系统创新投入、创新产出、知识流动和创新环境的指标，为后继区域创新研究工作奠定基础。以发明专利申请量作为区域创新能力的测度指标，以各地区历年发明专利申请量的累计作为各个地区总体的创新能力测度指标对我国区域创新系统按照创新能力进行分类，并以此作为对我国区域创新系统进行比较、研究的基础。

1.4.4 区域创新系统各主要角色作用关系的研究

要理解参与创新的各行为者之间的联系是改善创新绩效的关键所在，创新和技术进步是创造、传播各种知识的行为者之间错综复杂关系的结果。创新系统知识流动是否顺畅，与创新绩效密切相关。弗尔曼在其国家创新能力的分析框架中指出：知识的流动有助于将创新基础设施（大学和研究机构等）的上游科学技术活动所产生的知识迅速向本地区企业扩散，否则这些知识将向区域外部扩散，这将不利于区域创新能力的提高。19世纪的德国利用英国的知识溢出而得以迅速发展，20世纪的日本是利用产生于美国的技术迅速成长为世界经济强国，这从侧面反应出基础知识在本地区由公共研究机构向企业流动的作用，同时也反应出知识吸收能力对本地区技术创新能力提高的重要意义。

研究创新系统首先应当注重分析创新系统各角色之间的相互作用关系及其知识流动，本书以论文合著数据作为测度区域创新系统内部知识流动的指标，比较和分析我国各类地区知识流动特点和演化规律，找出我国区域创新系统内知识流动的瓶颈，分析造成知识流动瓶颈的原因。以论文引用数据作为知识吸收和溢出的测度指标，研究我国区域创新系统知识吸收和溢出的状况和倾向，分析知识吸收和溢出的特点。使用系统理论，测度我国区域创新系统中大学、企业和研究机构合作状况和演化特点，为区域政府制定区域技术创新政策提供理论支持。

1.4.5 区域创新系统演化规律研究

研究创新系统演化规律是在对我国区域创新系统创新能力分类的基础上进行的。按照创新能力，我国区域创新系统分为高创新能力地区、中等创新能力地区和低创新能力地区。

从我国各个地区创新能力分布不平衡性出发，研究我国区域创新能力不平衡的状况和演化规律。从区域创新系统的投入出发，研究各个地区研究开发投入的不平衡状况和演化规律。研究区域创新能力演化规律与研究开发投入演化规律的关系和各种投入对区域创新能力的影响，分析制约我国区域创新能力的瓶颈因素。

从演化和比较分析的角度出发，研究企业研究开发和公共研究机构研究开发对区域技术创新能力的影响，分析高创新能力地区、中等创新能力地区和低创新能力地区的基础研究开发投入和企业研究开发投入的不同特点，找出各类地区研究开发投入特点同区域技术创新能力间的关系。

1.4.6 区域创新系统创新绩效评价理论的研究

将每个区域创新系统看作是一个由创新投入和创新产出构成的决策单元，利用数据包络分析方法（DEA），评价我国各区域创新系统相对创新绩效，分析影响创新绩效的主要原因。通过创新投入的影子价格和输入剩余，分析创新投入的效率，研究各地区创新资源的相对匮乏程度。本文分别从不同创新机构和不同的投资来源两个角度出发，研究区域人力和财力投入对区域创新绩效的影响。

由于可持续发展的重要性，在技术创新过程中应当重视绿色技术创新对可持续发展的重要作用。本研究在分析我国区域创新系统创新绩效的基础上，研究基于可持续发展的区域创新系统的创新绩效。主要研究方法是在区域创新系统的创新输出中考虑环保因素,将万元 GDP 能源消耗量加入 DEA 模型的输出指标。

通过对各个地区创新系统历年创新绩效的比较,研究我国各个地区区域创新系统的创新绩效演化规律。

研究我国各个地区以专利申请量、论文发表量和获奖量为产出指标的研究开发产出绩效,比较各种研究开发投入在不同产出上的效率,分析我国总体技术创新中存在的问题。

1.4.7 创新系统创新环境研究

区域创新系统创新环境包括创新系统信用环境,创新资金环境,创新系统人力资源和创新系统基础设施等方面。在给定资源条件的限制下,区域创新环境是决定一个地区创新能力的关键。本书首先从定量的角度出发,按照信息传递原理建立影响区域间知识流动的硬环境因素的测度指标,分析硬环境同区域创新系统知识吸收和溢出的关系。

以定性分析为主,以区域信用环境讨论为中心,分析区域法律、人文环境等软环境因素同区域创新的关系。

从创新环境中的创新人力投入、财力投入和人均科技经费投入同创新能力的关系出发,建立描述上述三种投入同区域创新能力的关系函数,分析创新人力和财力投入环境对区域创新能力影响。

1.4.8　区域创新系统同区域可持续发展的关系

从定性角度出发,研究区域创新系统和区域经济增长、技术选择机制、可持续发展观念、对绿色技术创新推动和产业结果进化等的多种关系,建立区域创新系统同区域可持续发展交互作用关系的结构和机理分析框架。

1.4.9 北京地区创新系统的实证研究

从企业角度出发，根据新材料企业的特点，结合技术创新分布的 A-U 模型、工艺为先导的 3-I 模型、描述技术创新过程的 ACK 模型和技术创新的三维模型，提出基于工艺创新的企业技术创新过程分布模型。以该模型为基础，比较所研究的两家企业同国外领先企业技术创新过程的差异，分析企业技术创新过程中存在的问题。从区域政府的角度出发，将企业技术创新过程放在区域创新系统中，结合创新系统的观点，建立基于区域创新系统的企业技术创新过程模型。利用该模型，分析企业创新过程同区域创新系统的交互作用关系，分析企业在技术创新过程中存在的瓶颈因素。结合对企业的实证研究和模型分析，发现新材料企业技术创新过程存在的问题。根据技术经济网络分析和罗斯韦尔（Rothwell）提出的技术创新政策工具，提出解决企业技术创新过程中存在问题的政策建议。

2 区域创新系统的分析框架

对我国区域创新系统进行测度研究和比较分析，必须首先建立适合我国实际状况的区域创新系统分析框架。本章在国家创新系统理论、国家竞争优势理论和技术系统理论的基础上，结合我国区域创新系统的实际，建立适合研究我国区域创新系统的分析框架。然后以发明专利申请量作为区域创新能力的测度指标，对我国区域创新系统按照创新能力分成三类：高创新能力地区、中等创新能力地区和低创新能力地区，并以此作为对我国区域创新系统进行比较研究的基础。

2.1 有关创新系统分析框架的理论回顾

有关创新系统的理论及分析框架主要有国家创新系统理论、国家竞争优势理论和技术系统理论，下面对国内外创新系统分析框架进行简要回顾。

2.1.1 国家创新系统的分析框架

英国学者弗里曼认为创新系统框架主要是由政府政策干预、企业研究开发、教育培训和产业结构四部分组成。弗里曼的国家创新系统分析框架可以用图 2-1 表示。

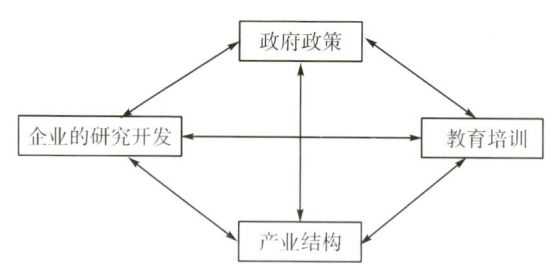

图 2-1　弗里曼国家创新系统分析框架①

弗里曼强调这些部分间的相互作用关系，创新系统的功能是提高国家的竞争力。

朗德沃尔认为创新系统是由新的、有经济价值的知识的生产、扩散和使用上相互作用的要素关系所构成，他的创新系统的框架可以用图 2-2 表示。

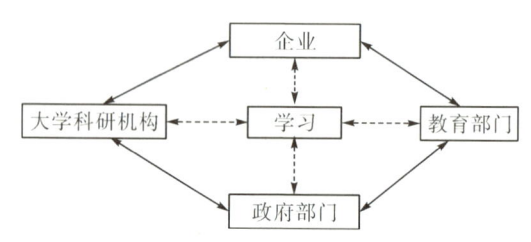

图 2-2　朗德沃尔国家创新系统分析框架②

朗德沃尔强调创新系统中企业、大学科研机构、教育部门和政府在相互作用中学习的重要作用。

世界经济合作与发展组织（OECD）的国家创新系统框架强调创新系统主体，即企业、高校、科研机构和中介组织之间的

---

① 石定寰. 国家创新系统：现状与未来 [M]. 北京：经济管理出版社，1999.

② 石定寰. 国家创新系统：现状与未来 [M]. 北京：经济管理出版社，1999.

知识流动，将知识流动作为创新系统的核心。通过分析阻碍知识流动的原因，解决创新系统的系统和市场失效。OECD 创新系统的分析框架如图 2-3 所示。

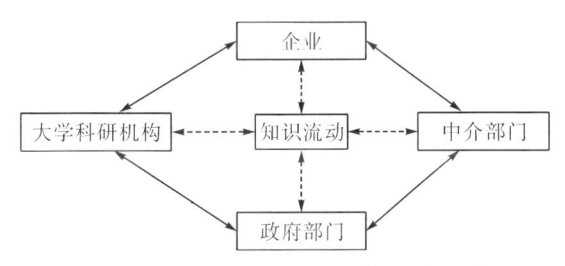

图 2-3　OECD 国家创新系统分析框架①

OECD 推荐使用联合研究活动、联合申请专利、引文分析和企业调查等方法来测度区域创新系统的各个机构之间的联系和知识流动。

2.1.2　国家竞争能力和创新能力分析框架

波特教授在其论著《国家竞争优势》(*The competitive Advantage of Nations*) 一书中提出国家竞争优势的"钻石模型"分析框架，认为国家竞争优势由四个基本要素和影响这四个基本要素的两个附加要素所决定。四个基本要素为：

（1）要素条件。科学技术和管理人员、科研基础和信息基础设施、充足的风险投资。

（2）需求条件。国内需求的结构、国内市场规模和增长率、国内需求国际化水平，这三个因素对国家竞争优势影响作用相当大。

---

①　石定寰. 国家创新系统：现状与未来 [M]. 北京：经济管理出版社，1999.

（3）相关和支撑产业及其间的相互关系。

（4）企业的战略、结构与竞争。企业的竞争规模和竞争战略必须与其所在的环境相适应，这样才能发挥企业的竞争优势。

两个附加要素为：

（1）国家政府。国家政府主要通过影响四个基本要素间接影响国家竞争优势。

（2）机遇。企业无法预见的，与国家环境无关的事件。机遇可能改变产业结构，从而改变"钻石"结构的运作方式，因而改变竞争优势。

波特教授国家竞争优势的"钻石模型"分析框架如图2-4所示。

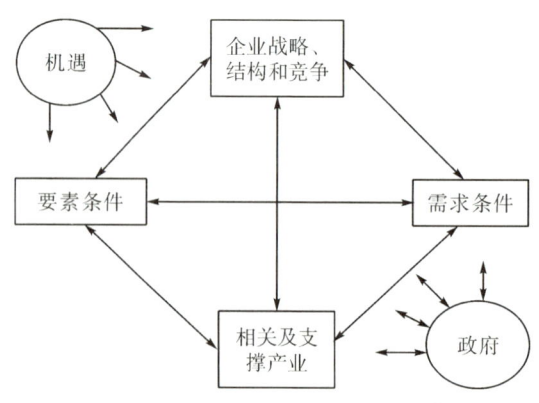

图2-4　"钻石模型"分析框架①

钻石模型中的每个要素相互作用、相互影响推动、相互加强，从而推进系统的演化和发展。决定竞争优势的本质在于整个系统，而不在于单个要素。单个要素较易复制，而整个系统

---

① Porter, M. The Competitive Advantage of Nations [M]. New York: Free Press, 1990.

很难复制。有些国家虽然不具有某种要素的优势，但可以通过其他要素的优势来弥补单个要素的劣势。波特教授指出，地理位置的接近和国内的竞争能够促进四种要素的相互作用，提高系统的运作效率。

弗尔曼等学者在罗默的内生经济增长模型、波特的钻石模型和尼尔森国家创新系统等理论基础上，提出国家创新能力分析框架，他们认为国家创新能力由三部分构成：公共基础设施、特殊的产业集群和二者之间的联系。弗尔曼等给出的国家创新能力分析框架如图2-5所示。

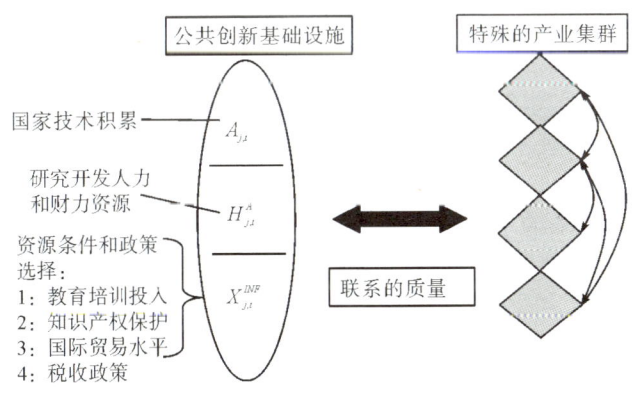

图2-5 国家创新能力分析框架[1]

公共基础设施包括国家的技术积累，研究开发投入的人力和财力资源，资源条件和政策选择如教育培训投入、知识产权保护、国际贸易水平和税收政策。特殊的集群条件包括国家内部各个区域创新系统的关系，图2-5右边的黑色菱形表示一个区域产业系统（详细结构如图2-4所示），菱形框之间的连线表

---

[1] Furman, J., Porter, M and Stern, S.. The Determinants of National Innovative Capacity [J]. Research Policy, 2002, 31, P899 – 933.

2 区域创新系统的分析框架 | 23

示不同产业区域之间的知识流动和相互作用关系。联系的质量表示国家创新基础设施和国家整个产业的互动关系。

2.1.3 技术系统理论

卡尔森将技术系统定义为：涉及知识与技术的生产，传播和利用的机构在具有一定的公共基础设施环境的经济和产业区域中相互作用所构成的联系网络。

技术系统的构成四要素：

（1）接受能力。国家教育和培训系统，公共 R&D 组织，企业 R&D 组织，企业家精神。

（2）技术特性和技术溢出机制。知识和技术特性，有利于技术扩散的组织结构。

（3）创新机制的多样性。产业中的企业运作方式，进入和退出机制。

（4）区域 R&D 基础设施与产业的连接能力。产业集群，知识流动网络，与上层用户的关系，与外部企业的联系。

2.1.4 中国国家创新系统分析框架

不同国家有着不同的技术创新模式，柳卸林等（2001）在对研究国外有关创新系统活动研究的基础上，根据中国创新过程分布的特点，认为我国创新系统由五部分构成，这五部分和创新系统各要素的关系如图2-6所示。

```
教育    研究开发    实施    最终用户    联系
```

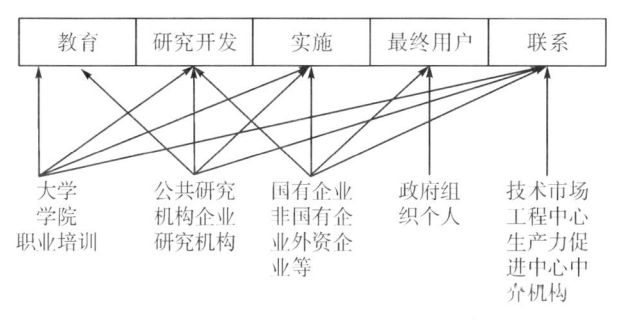

大学   公共研究   国有企业   政府组   技术市场
学院   机构企业   非国有企   织个人   工程中心
职业培训   研究机构   业外资企   生产力促
                           业等   进中心中
                                                       介机构

图 2-6　中国主要创新活动分布[1]

这五部分主要是：研究包括基础研究，应用研究和工程化研究；实施（制造）；最终用户（消费者和工艺的使用者）；联系（将互补性的知识联系在一起）；教育。

2.2　我国区域创新结构

从上节所述有关创新系统的分析框架看出，创新系统的分析框架复杂多样。不同的研究和分析角度，有着不同的分析框架。虽然现在还不存在一个普遍的创新系统分析框架，但是，各分析框架共同强调的是相互作用的网络或系统。因此必须在我国现存科技和经济体制状况下，从对创新系统演化和比较的研究角度出发，基于系统的观点建立我国区域创新系统的分析框架，以便对我国的区域创新系统进行测度研究和比较分析。

从各国家不同机构在创新系统中的作用来看，各国不同机

---

[1]　Liu, X., White, S.. Comparing Innovation Systems: a Framework and Application to China's Transitional Context [J]. Research Policy, 2001, 30, P1091-1114.

2　区域创新系统的分析框架 ｜ 25

构所占的研究开发经费和人员的比例差距较大,具体数据如表2-1与表2-2所示。

表2-1 2010年各部门研究开发经费所占比例各国比较[1]

	中国	美国	日本	英国	法国	德国
企业	44.8	74.4	72.7	65.2	61.6	67.2
研究机构	42.6	8.2	8.9	13.8	19.9	14.8
高等学校	10.4	14.4	13.5	19.7	17.2	18
其他	2.2	3.0	4.9	1.3	1.3	

表2-2 2010年各部门研究开发人员所占比例各国比较[2]

	中国	日本	英国	法国	德国
企业	41.1	69.2	60.7	50.7	61.0
研究机构	30.2	6.7	12.6	21.6	16.5
高等学校	22.3	20.6	24.4	25.4	22.5

如表2-1和表2-2所示,我国大学和研究机构从事研究开发活动的人员和财力之和大于企业从事研究开发的人力和财力的数量,这一点同发达国家有着较大的不同。虽然随着国家科技体制改革的不断深入,政府已经不是创新的主要发起者,企业在区域创新中的作用不断增强。但是,由于长期计划经济体制的影响,我国还没有形成以企业为中心的技术创新系统,同发达国家相比,高校和研究机构依然在我国技术创新中扮演重要的角色。因此,研究区域创新系统中企业、大学和研究机构

---

[1] 国家统计局,科学技术部. 中国科技统计年鉴 [M]. 北京:中国统计出版社,2000.
[2] 本表数据来源同上。

的关系，以及其对创新能力的影响，对探讨今后科技体制改革方向具有重要的意义。

区域创新环境能够有力推动区域创新系统各个机构之间的相互作用，区域创新环境包括创新系统信用环境，创新资金环境，创新系统人才资源，创新系统基础设施等方面。

研究开发投入对区域创新能力的提高具有重要的作用，我国区域创新系统研究开发投资的基本来源有以下四个方面：

（1）政府部门投资来源于国家和区域政府，企业、高等学校和研究机构都能够得到政府的研究开发投入。

（2）金融机构主要为国有商业银行，除高等学校外，企业和研究机构都可从金融机构获得研究开发贷款。

（3）企业对研究开发活动的投资除了投向自身之外，还向高等学校和研究机构进行研究开发投入。

（4）来自于区域之外的研究开发资金。

创新系统各个机构之间的相互作用和不同创新系统间的相互作用产生了创新系统的知识流动，我国区域创新系统知识流动包括以下两部分：

（1）区域内企业、高等学校和研究机构之间的知识流动。

（2）区域创新系统之间的知识流动。

整个区域创新系统就是一个创新投入和产出的系统，投入的是人力和财力，这些投入经过创新系统各个要素之间的相互作用，将创新投入转化为创新产出。创新系统对外主要表现为两个方面，即区域技术创新的绩效和区域技术创新的能力。

区域技术创新的绩效，就是通过区域创新系统内部各个要素之间的相互作用，将创新投入转化为创新产出的效率，即投入产出比。

按照弗尔曼对国家创新能力的定义，本书定义区域技术创新能力是该地区产生商业化技术创新成果的能力。

根据我国研究开发投入的特点和国家创新系统的实际状况，结合 2.1 节中有关创新系统的分析框架，本书认为我国的区域创新系统的结构框架如图 2-7 所示。

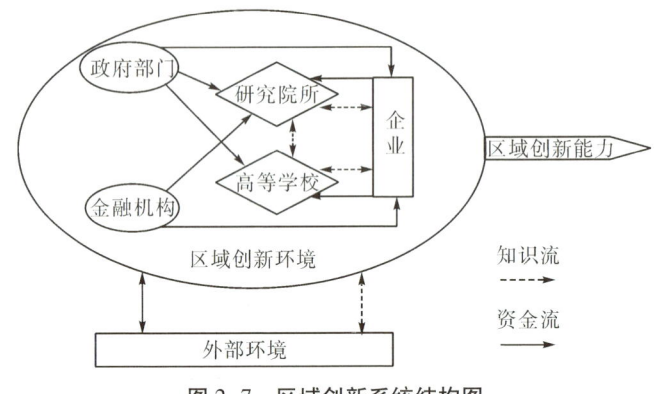

图 2-7　区域创新系统结构图

图 2-7 的区域创新系统分析框架表明，政府机构和金融机构为企业、大学和研究机构的技术创新提供资金，企业不但接受政府的研究开发投资，同时也对大学和研究机构的研究开发进行投入，这形成了区域创新系统内的资金流。企业、大学和研究机构之间存在的知识流动构成了区域创新系统的知识流动。区域创新系统内的知识和资金流动是在区域创新环境下完成的。区域创新系统同时也同外部环境进行着资金和知识的流动。区域创新系统对外表现为区域创新能力。

通过分析创新系统的知识流、资金流、创新环境对创新系统各个要素间互动的影响，研究创新能力及其决定因素的关系、创新系统的创新绩效等方面的内容，对绩效区域创新系统上述内容进行比较分析，就可以把握我国区域创新系统的基本状况。

为了便于对创新系统进行比较研究，下面对创新系统按照创新能力进行分类。

2.3 区域创新系统的分类

为了对我国区域创新系统进行演化分析和比较研究,首先应当对我国区域创新系统按照区域创新能力进行分类。弗尔曼按照发明专利累计作为创新能力的累计,研究各个国家的技术积累。因此本书就以各个省市自治区历年专利申请累计量为指标,对我国区域创新系统进行分类。

2.3.1 发明专利作为区域创新能力指标合理性

专利将研究开发投入和经济活动联系起来,既能反应出R&D活动的投入,又能反应出R&D活动的经济效果,专利与研究开发和经济结果的联系如图2-8所示。

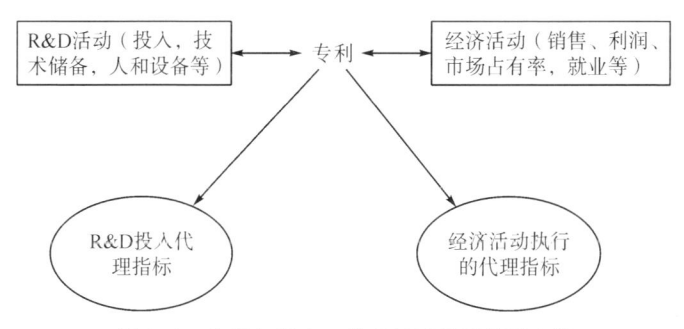

图2-8 专利与研究开发和经济结果的联系[①]

如图2-8所示,专利将研究开发活动和经济活动联系起来,专利的数量不但可以作为研究开发投入的指标,也可以作为研

---

① Geisler, E. The Metrics of Science and Technology [M]. Wesport CT and London, Quorum, 2000.

究开发活动经济执行的代理指标。发明专利在三类专利中最具有创造性,一个地区拥有较多的发明专利意味着其具有较高的技术创新能力。

由格里利谢斯提出的知识生产函数是分析区域内知识流动,以及知识流动对创新能力影响的分析框架。该分析框架广泛应用于研究区域创新的问题,并在美国、意大利和澳大利亚进行了实证研究,该分析框架的中心问题就是对区域技术创新产出的衡量问题。Acs 等人利用发明专利和美国技术创新数据库(SBA)所提供的创新产出数据分别作为区域技术创新产出的衡量指标,并利用知识生产函数进行回归分析,分析表明专利数据是非常可靠的衡量创新活动的指标,可以有效衡量区域的创新能力。

除了 Acs 的证明之外,其他许多学者都对发明专利作为衡量创新能力的合理性做了大量的理论和实践工作。首先,发明专利比其他指标更接近于创新的商业应用,比如论文。尽管论文指标是研究开发的结果之一,但其更靠近研究开发活动的上游,远离商业应用。发明专利表现了一个地区商业化新技术的能力。其次,专利指标提供了衡量创新能力的时间和空间数据。再次,专利是最为广泛使用的技术活动的产出指标,多年来,一直被用作衡量国家技术活动的产出,许多学者应用专利作为创新能力的测度指标研究国家和区域的技术创新能力。最后,Acs 也同时指出,专利作为创新能力的衡量指标,强调了区域内大学和研究机构对企业的技术溢出,专利申请是大学和研究机构向企业的技术转移直接的方式之一,体现出了创新系统不同机构在技术创新过程中的相互联系。因此发明专利作为衡量创新系统创新能力的指标是合理的。

马尔塞斯等使用专利申请量作为衡量区域创新能力的测度指标,研究了欧洲区域创新能力的分布状况。在我国,发明专利申请量很少受到专利授权机构审查能力的约束，更能客观的反映出一个地区创新能力随时间变化的情况。我国发明专利申请积压严重，一般申请的审批时间为四到五年，有些发明专利审批时间最长的拖延六七年[1]。国外以美国为例，专利申请虽然也有积压，但是一般在两年半可以完成审批[2]。我国发明专利从申请到审批需要的时间比美国多两到三年左右，如果使用发明专利授权量，则延迟时间较长，而使用发明专利申请量的延迟时间较短。因此，本书使用发明专利申请量作为区域技术创新能力的测度指标。

通过上述的理论分析，发明专利申请量作为区域技术创新能力的指标是合理的，下面从数据统计方面来论证专利申请量作为区域技术创新能力指标的合理性。

利用2001—2010年，我国31个省、市、自治区、直辖市的发明专利申请量和授权量的300对样本数据进行相关分析，发明专利授权量和授权量的相关系数为0.891，双尾检验在0.01的水平下显著相关。从数据上证明了使用发明专利申请量作为区域创新能力指标是合理的。

新产品产值虽然更为客观的反映出技术的市场价值，但是我国对新产品的产值统计只来源于73个重点工业城市的大中型工业企业，忽略了中小企业、研究机构和高等学校在区域创新系统中的作用。

利用2010年我国28个省市的发明专利申请量、新产品产值、科技经费和科技人员数据作为样本（详细数据见附表1），对发明专利申请量、新产品产值、科技经费和科技人员进行相关分析，结果如表2-3所示。

---

[1] http://www.sina.com.cn 1999年12月31日 10：01，华声报。
[2] http://www.sina.com.cn 2002年06月26日 13：53，赛迪网。

表 2-3　　　　　投入和产出相关分析结果

		科目经费	科技人员	新产品	申请量
科技经费	Pearson Correlation Sig.（2-taled） N	1.000 0.000 28	0.893* 0.000 28	0.623* 0.000 28	0.928* 0.000 28
科技人员	Pearson Correlation Sig.（2-taled） N	0.893* 0.893* 28	1.000 1.000 28	0.555* 0.555* 28	0.871* 0.871* 28
新产品	Pearson Correlation Sig.（2-taled） N	0.623* 0.000 28	0.555* 0.002 28	1.000 0.000 28	0.527* 0.004 28
申请量	Pearson Correlation Sig.（2-taled） N	0.928* 0.000 28	0.871* 0.000 28	0.527* 0.004 28	1.000 0.000 28

注：*表示10%显著性水平。

如表2-3所示，发明专利同科技财力投入和人力投入的相关系数远大于新产品同科技财力投入和人力投入的相关系数，表明发明专利作为测度区域创新能力的指标更能反应出创新投入和产出的关系，在我国发明专利相对新产品产值能更好的反应区域技术创新能力。

2.3.2　我国各省市技术创新能力分类

由于历史和现实的原因，我国各个地区的创新能力发展很不平衡。通过分析不同类型地区创新系统的特点，有助于落后地区借鉴创新能力较高地区的发展经验，不断提高区域创新能力，缩短落后地区同发达地区的差距，促进区域经济科技平衡发展。因此，本文打破传统的东部、中部和西部的划分方式，按照创新能力的高低，对我国的区域创新系统进行分类。

根据各地区16年（1995—2010年）发明专利申请量的累计

总和，使用 K-means 聚类分析方法对我国 31 个省、市和自治区①技术创新能力进行分类，结果见表 2-4。由于北京自成一类，为了研究上方便，将北京归入到最临近的类别。这样，我国各省市按照创新能力高低可以分为以下三类，如表 2-5 所示。

表 2-4　　　　K-means 聚类分析分析结果

地区	类别	类中心	距离	地区	类别	类中心	距离	地区	类别	类中心	距离
北京	1	21 023	0.00	黑龙江	3	5 341	342.22	广西	4	1 685	949.93
辽宁	2	9 300	1 718.17	浙江	3	5 341	587.22	海南	4	1 685	1 091.07
上海	2	9 300	1 415.17	河南	3	5 341	456.22	贵州	4	1 685	61.93
江苏	2	9 300	985.83	湖北	3	5 341	348.22	云南	4	1 685	653.93
山东	2	9 300	97.17	湖南	3	5 341	1 202.22	西藏	4	1 685	1 643.07
广东	2	9 300	1 086.83	陕西	3	5 341	825.78	甘肃	4	1 685	68.93
四川	2	9 300	1 157.83	山西	4	1 685	1 149.93	青海	4	1 685	1 296.07
重庆	2	9 300	1 100.00	内蒙古	4	1 685	159.93	宁夏	4	1 685	1 197.07
天津	3	5 341	1 516.78	安徽	4	1 685	698.93	新疆	4	1 685	312.07
河北	3	5 341	517.22	福建	4	1 685	958.93				
吉林	3	5 341	1 110.78	江西	4	1 685	836.93				

表 2-5　　　　各地区创新能力的类别

类别	地区
高创新能力地区	北京、辽宁、上海、山东、江苏、广东、四川、重庆
中等创新能力地区	湖南、浙江、河北、河南、湖北、黑龙江、陕西、吉林、天津
低创新能力地区	山西、福建、广西、江西、安徽、云南、内蒙古、甘肃、贵州、新疆、海南、宁夏、青海、西藏

---

①　由于统计数据原因，本书不分析我国的香港、澳门和台湾地区。本书其他章节如果没有特别声明均同此。

根据表 2-5 绘制我国各地区创新能力分布图，如图 2-9 所示。从图 2-9 中可以看出，我国创新能力高的地区主要集中于我国东部，中等创新能力地区主要集中于我国的中部，而低创新能力地区主要集中于我国的西部地区。相近类别创新能力的地区基本集聚在一起。

图 2-9　我国区域创新能力分类图

3 区域创新系统知识流动研究

由于知识流动能够有效促进创新能力的提高，本章分析和比较我国知识流动的特点，并利用系统论的方法，研究知识流动的稳定性和有序性。

3.1 区域创新知识流动的重要意义

按照创新系统理论，在技术开发过程中，各机构之间相互作用与研究开发中的投入同样重要，而且，各机构之间相互作用对创新投入转换为创新产出的具有重要作用。创新系统的顺利运作有赖于知识流动，这些流动发生在企业、高等学校和研究机构之间。

由于我国长期的计划经济体制，条块分割严重，中国创新系统存在着明显的"系统失效"。这种失效主要表现形式之一为企业和科研机构、企业和高等学校以及企业与企业之间合作、联系和知识流动不足。正如柳卸林在《21世纪的中国技术创新系统》一书中所指出：我国企业技术开发能力很弱，而高等学校和研究开发机构的研究开发能力较强，促进企业与高等学校和研究机构的技术创新合作，加强它们之间的创新互动，是国家创新系统建设的一个重要环节。知识是公共产品，这一点已经被经济学的研究所证实。国家和地区吸收外部知识的能力和对外部的知识溢出，对经济增长具有决定性的作用。

本章从研究我国区域创新系统知识流动的角度出发，分析不同创新主体间知识流动的状况和演化规律，找出知识流动的瓶颈，并提出政策建议，并在此基础上研究各地区的知识吸收和溢出状况。

3.2 测度区域创新系统知识流动指标

研究区域创新系统内部各个机构间知识流动和区域创新系统知识吸收和溢出状况的前提是建立合理的指标来对这些知识流动进行测度。指标必须满足一定的原则和标准，而且必须同国际主流研究相接轨。

3.2.1 指标选取原则

3.2.1.1 测度创新系统内部知识流动的指标选取原则

首先，由于研究对象为各省市自治区的区域创新系统，因此测度知识流动的指标应当覆盖全国各个省市自治区。其次，指标只涉及区域创新系统内各机构间知识流动，不涉及区域创新系统间知识流动。再次，非正式交流既是创新扩散的主要渠道，又是创新的主要源泉，特别是对技术创新起重要作用的隐性知识，往往通过非正式交流来传播。因此指标不但要体现出知识显性流动，同时也要体现知识隐性流动。最后，统计指标要由国家权威机构发布，并具有一定的连续性，以便对创新系统内知识流动的演化规律进行研究。

3.2.1.2 测度创新系统知识吸收和溢出的指标选取原则

一些指标必须刻画出知识吸收和溢出的方向；二是应当覆

盖全国各个省市自治区，由国家权威机构发布；三是具有一定的连续性，以便对创新系统间知识流动的演化规律进行研究。

3.2.2 科技论文合著作为知识流指标的合理性

科技期刊直接参与构成知识基础设施，是一个将科研机构、高等学校、企业等知识机构与广大劳动者紧密连接在一起的社会知识网络的一部分，科技期刊传播是创新过程中新知识、新技术的生产、开发、扩散和应用中的一个重要环节。科技期刊是知识流动的重要途径，不同机构的论文合著是不同机构在技术创新过程中相互合作的指标。中国科学院文献计量中心从1989年开始建立中国科学引文数据库（CSCD）对我国科技论文发表状况进行统计分析，其中论文合著的数据覆盖我国各省、市、自治区。在科技论文合著过程中，不但有显性知识的流动，合作者在科研活动中同时进行大量隐性知识的传递，这种隐性知识的传递是企业从公共研究机构获得知识的重要渠道之一。同时科技论文合著不但满足知识流动指标选取的原则，又是OECD推荐测度知识流动的指标之一。希克斯以论文合著作为知识流的测度指标，研究了创新系统不同创新机构之间知识流动的状况，梁立明等以CSCD中不同区域间论文合著数据为例，从科学计量学的角度研究了我国区域创新系统间知识流动的状况和特点。本书将科技论文合著数量作为衡量区域创新系统内部知识流动的指标，从CSCD中选取2000—2010年，不包括同一机构论文合著的278 210条论文合著数据记录进行处理，计算出从2000—2010年我国各地区内部企业、研究机构和高等学校间论文合著的数量。

3.2.3 论文引文数作为测度知识吸收和溢出指标的合理性

论文是新知识的产生，是投入人力和财力资源进行R&D的结果。绝大部分论文都是在前人工作的基础上，通过研究和开发获得的新知识。论文引用其他论文，使知识从被引用地流入到引用地，地区间发生了知识流动，产生了知识溢出和吸收现象。引文次数越多，利用外部知识也越多；同理，被引文次数越多，知识溢出也越多。这表明引文可作为知识流动的一个主要指标。

由于论文引文数据能够表示出知识流动的方向，满足指标选取的原则，也是 OECD 推荐使用测度知识流动的指标之一。本书以地区间论文引用频次测度地区间知识流动的水平，以 2010 年引文数据研究分析影响地区间知识流动的因素。论文引文数据选自 CSCD 出版的中国科学计量指标（2011 年卷）。

3.2.4 其他测度创新系统知识流动指标的局限

高等学校和研究机构接受企业的研究经费为企业从事研究开发工作，这时企业利用高等学校和研究机构的人才和设备资源，将高等学校和研究机构所生产的知识用于企业技术创新活动，知识由高等学校和研究机构流向企业。从企业的角度来看，付给高等学校和研究机构的资金代表了高等学校和研究机构流向企业知识的价值，因此可以利用高等学校和研究机构接受企业的研究开发资金作为知识流动的一种形式。《中国技术创新能力研究报告》指出：来自企业的经费越多，说明科研的市场化程度越高，知识向商业化方向流动的越快。但是，我国科技统计年鉴中有关高等学校和研究机构来自企业的研究开发资金不但包括本地区的企业，同时也包括地区外的企业，因此该数据不能反映区域内知识流动的实际状况。其他指标如技术成果转让等同资金流动有着相同的缺点，不适合研究区域创新系统内知识流动。

其他测度地区间知识流动的指标如地区间技术成果转让、

地区间人才流动、地区间专利引用,购买其他地区高技术产品虽然能够反映出知识流动的方向性,但是由于现在没有国家正式公布的并且覆盖全国各个省市的数据,所以无法用来研究知识地区间知识流动。地区间论文合著数据不能反映出知识流动的方向性,因此不适合作为测度区域创新系统知识吸收和溢出的指标。

3.3 我国区域创新系统内部知识流动的整体状况分析

以 2010 年我国各地区论文合著数据为例,分析我国各区域创新系统内部不同机构间论文合著篇数总体状况。

2010 年全国同一地区内高等学校之间的论文合著总数为 3 664 篇,而研究机构之间的论文合著总数为 1 165 篇,考虑到全国高等学校和研究机构的科技人员总量基本相同(2010 年分别为 342 375 和 328 991 人),表明我国同一地区高等学校之间知识流动状况要远远好于研究机构之间知识流动状况。全国同一地区企业间的论文合著总数为 116 篇,表明企业之间知识流动明显不足。全国同一地区高等学校和研究机构之间论文合著篇数最多,达到 3 697 篇,表明我国同一地区高等学校和研究机构间知识流动比高等学校之间知识流动状况更好,同一地区高等学校和研究机构间的互动关系相对较好。

2010 年,全国同一地区高等学校和企业之间论文合著总数为 902 篇,而研究机构和企业的论文合著总数为 255 篇,表明我国高等学校的知识和技术更容易为本地企业利用。大学和研究机构同企业在技术创新中的相互联系的增加表现为大学和研究机构来自企业的研究开发经费的增多,从高等学校和研究机构的来自企业的研究开发经费来看，全国高等学校来自企业的经费为5 375 626万元，而研究机构来自企业的研究开发经费为3 971 619万元，同样表明高等学校对企业技术创新的支持要好于研究机构，这也表明利用论文合著数量表示知识流是合理的。

为了消除科技人员人数对论文合著数量的影响，分别用各地区高等学校和研究机构科技人员数量修正其与企业合著论文数量。具体修正方法如下：利用企业与高等学校论文合著数量除以高等学校科技人员数量，然后减去企业与研究机构论文合著数量除以研究机构人员数量所得数值，该数值为负表示研究机构对企业技术创新支持力度相对较大，为正表示高等学校对企业技术创新支持力度相对较大，结果如表3-1所示。

表3-1　　各地区2010年企业与大学、研究机构
人均合著论文数差值

地区	人均论文合著数差值	地区	人均论文合著数差值	地区	人均论文合著数差值
安徽	0.138 309	黑龙江	0.382 863	山西	0.111 155
北京	0.203 513	湖北	0.217 363	陕西	0.173 79
重庆	0.396 151	湖南	0.081 173	上海	0.373 21
福建	0.256 022	吉林	0.283 015	四川	0.190 013
甘肃	0.037 71	江苏	0.117 194	天津	0.260 122
广东	0.233 55	江西	-0.024 99	西藏	0
广西	0.034 135	辽宁	0.267 013	新疆	0.001 269
贵州	-0.028 37	内蒙古	0.016 385	云南	-0.000 4
海南	0	宁夏	-0.081 97	浙江	0.404 938
河北	-0.023 76	青海	0.087 413		
河南	0.177 067	山东	0.346 773		

在我国31个省市自治区中只有贵州、河北、江西、宁夏和

云南五个地区研究机构对企业技术创新的支持状况好于高等学校对企业的支持，说明在我国区域创新系统中，高等学校对企业技术创新的支持要普遍好于研究机构对企业技术创新的支持，研究机构在区域创新系统中的作用没有得到充分发挥。

3.4 区域创新系统内部知识流动演化分析

按照第 2 章有关各地区按照创新能力的划分，对我国各类地区内部高等学校和研究机构与企业合著论文数量从 2000—2010 年变化情况进行统计分析，区域创新系统内部知识流动演化主要表现为下述规律。

3.4.1 高等学校和企业知识流动的演化规律

以时间为横坐标（单位为年），以各地区企业和高等学校每年论文合著数量为纵坐标（单位为篇），绘制各个地区企业和高等学校论文合著数量历年变化图。图 3-1、图 3-2 和图 3-3 分别表示高创新能力地区、中等创新能力地区和低创新能力地区各省市企业和高等学校论文合著数量的历年变化情况。

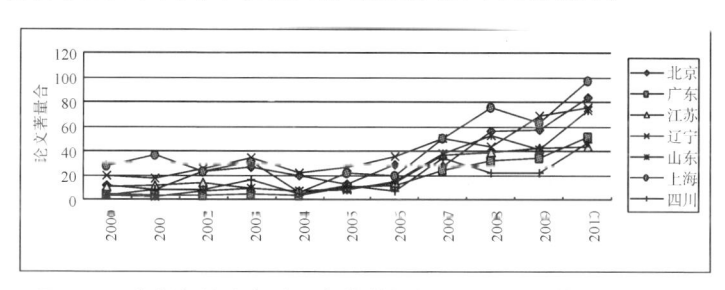

图 3-1 高创新能力各地区高等学校与企业论文合著量历年变化

如图 3-1 所示，在创新能力较高的所有地区，高等学校和企业论文合著数量都表现出平稳增长趋势，表明这些地区高等学校和企业知识流动状况逐年好转，区域创新系统内部高等学校和企业的互动关系稳步加强。

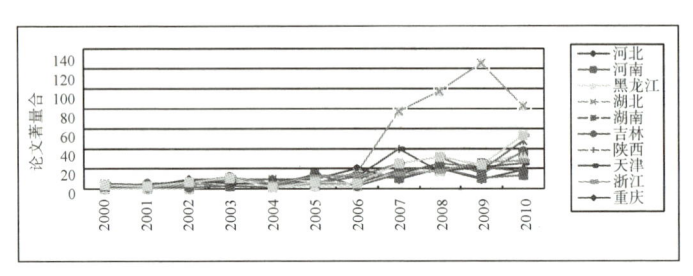

图 3-2　中等创新能力各地区高等学校与企业论文合著量历年变化

如图 3-2 所示，在中等创新能力地区，黑龙江省的高校与其企业间知识流动状况很好，从 2006 年起，黑龙江的高等学校和其企业间论文合著迅速增加，2007—2009 年甚至超过所有高创新能力地区，虽然在 2010 年黑龙江高等学校与其企业间论文合著数量有所下降，但是在同类创新能力地区中仍遥遥领先。表明黑龙江区域创新系统内部高等学校和企业的互动关系状况在国内是最好的。其他创新能力中等地区企业和其高等学校间论文合著数量少于高创新能力地区企业和其高等学校间论文合著数量，说明中等创新能力地区高等学校和其企业的整合能力比高创新能力地区差。

如图 3-3 所示，低创新能力地区高等学校和企业论文合著数量从 2006 年起迅速增加，但在 2010 年又都呈现出迅速下降的趋势，表明低创新能力地区企业和其高等学校技术创新整合能力不太稳定。从图 3-1、图 3-2 和图 3-3 的比较可以发现，低创新能力地区高等学校和企业的互动关系不如创新能力较高和中等的地区。

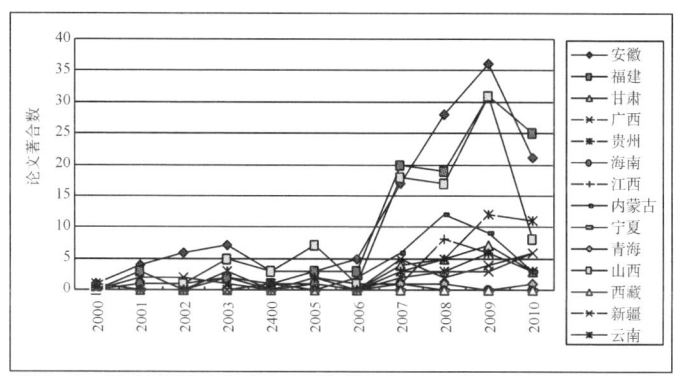

图 3-3　低创新能力各地区高等学校与企业论文合著量历年变化

3.4.2　研究机构和企业知识流动的演化规律

以时间为横坐标（单位为年），以各地区企业和研究机构每年论文合著数量为纵坐标（单位为篇），绘制各个地区企业和研究机构论文合著数量历年变化图。图 3-4、图 3-5 和图 3-6 分别表示高创新能力地区、中等创新能力地区和低创新能力地区各省市企业和研究机构论文合著数量的历年变化情况。

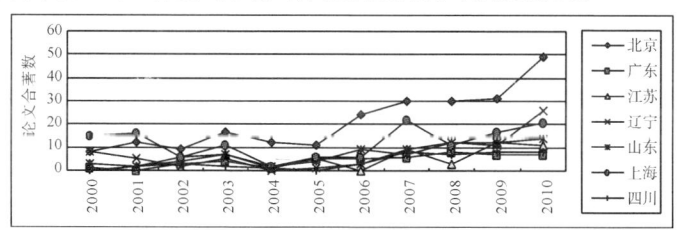

图 3-4　高创新能力各地区研究机构与企业论文合著量历年变化

如图 3-4 所示，在创新能力较高地区，研究机构和其企业论文合著情况所有地区都表现出平稳增长趋势，表明这些地区研究机构对其企业的知识流动状况逐年好转，区域创新系统内部研究机构和其企业的互动关系稳步加强。

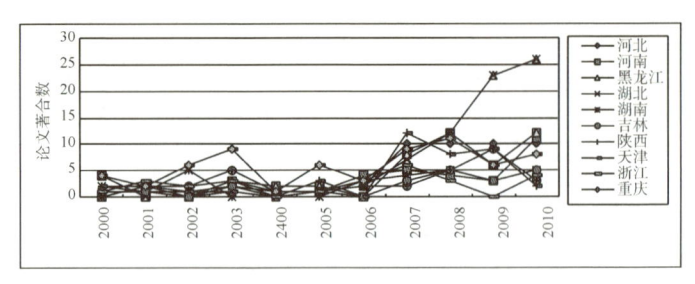

图 3-5 中等创新能力各地区研究机构与企业论文合著量历年变化

如图 3-5 所示,在创新能力中等地区,黑龙江研究机构与其企业间知识流动状况很好,从 2006 年起黑龙江研究机构和其企业间论文合著迅速增加,2007—2010 年甚至超过有些高创新能力地区,在同类创新能力地区中遥遥领先,表明黑龙江区域创新系统内部研究机构和其企业的互动关系状况在国内比较好。其他中等创新能力地区企业和其研究机构间论文合著数量少于高创新能力地区论文合著数量,说明中等创新能力地区研究机构和其企业的整合能力较高创新能力地区差。从中等创新能力地区论文合著变化曲线来看,虽然数量呈现出增长趋势,但是增长较不稳定,说明创新系统内促进研究机构和企业的知识流动的机制不稳定,表明区域创新系统还不完善。

如图 3-6 所示,低创新能力地区企业和其研究机构间论文合著数量少于高创新能力和中等创新能力地区论文合著数量,说明低创新能力地区研究机构和其企业的整合能力最差。从低创新能力地区论文合著变化曲线来看,虽然数量呈现出增长趋势,但是增长极为不稳定,说明创新系统内促进研究机构和其企业的知识流动的机制很不稳定,表明区域创新系统还很不完善。

3.4.3 我国区域创新系统内部知识流动分析

本书从 CSCD 中选取 2000—2010 年,不包括同一机构论文

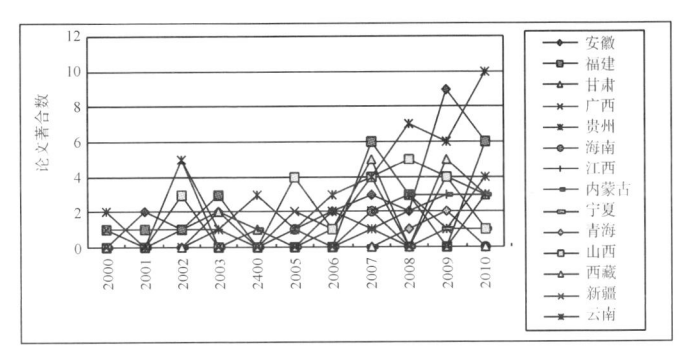

图 3-6 低创新能力各地区研究机构与企业论文合著量历年变化

合著的 278 210 条论文合著数据记录进行处理,计算出从 2000—2010 年我国各地区内部企业、研究机构和高等学校间论文合著的数量总和,绘制历年高等学校、研究机构与企业论文合著数量变化曲线,如图 3-7 所示。

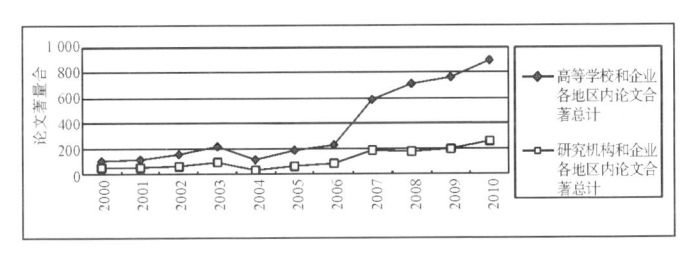

图 3-7 历年高等学校、研究机构与企业论文合著数量变化

从图 3-7 可以看出,在总体趋势上,我国高等学校和研究机构对本地区企业技术创新支持状况逐年增加。同时,近 10 年来高等学校对本地区企业技术创新支持力度无论从数量上还是从增长速度上都远远高于研究机构对企业技术创新的支持。

2010 年各地区高校和研究机构每百人同企业合著论文数量如图 3-8 所示。

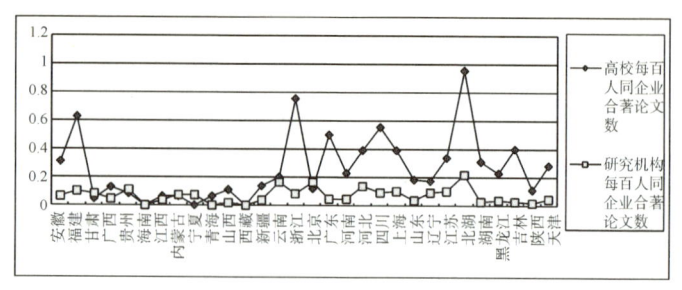

图 3-8　各地人均同企业论文合著数据

从图 3-8 可以看出我国高校同企业人均合著论文数也普遍高于研究机构同企业人均合著论文数，高校对企业的技术创新支持状况远远好于研究机构对企业的技术创新支持。

从图 3-1 到图 3-6 中可以看到，在各类创新能力地区中，从论文合著数量变化曲线来看，虽然数量都呈现出增长趋势，但是研究机构与企业论文合著数量增长相对高等学校与企业合著论文数量增长表现为较不稳定，说明创新系统内促进研究机构和企业的知识流动的机制不健全，区域创新系统应加强企业和研究机构的互动关系。

3.5　区域创新系统内部知识流动的研究结论和政策建议

从研究机构人力资源来看，研究机构的科技人员与高等学校的科技人员相差不多。但是从对企业技术创新支持来看，我国各地区研究机构远远落后于高等学校。从上述分析可以看出，我国区域创新系统内部高等学校和其企业之间知识流动无论从数量和增长速度都好于研究机构和企业知识流动状况。由于这些研究机构中还包含企业本身的研究开发机构（CSCD将企业本身的研究机构在统计中作为独立研究机构），这进一步表明高等学校对区域内企业技术创新支持力度远远好于研究机构对企业技术创新的支持。虽然我国在1987年对科研机构的改革中[①]积极鼓励研究机构与企业联合，但是企业与研究机构的合作状况很不理想。究其原因，主要有以下三点：

（1）研究机构和大学要了解企业的需求，企业要了解大学和研究机构的研究能力和特点，由于企业、研究机构和大学的价值取向和文化背景不同，双方需要付出沟通成本。高等学校作为人才培养的主要机构为企业培养了大量的研究开发和管理人员，这些人员对高等学校，特别是母校较为熟悉，在企业遇到技术性问题时，往往借助高等学校来解决其困难。而研究机构相对高等学校来比，为企业培养的人才较少，造成研究机构与企业的沟通成本较高。

（2）目前我国大量研究机构已经主动或被动投入到市场经济的激烈竞争之中，去求生存、求发展，而高等学校的科研人员面临压力较小。在与企业的技术合作过程中，与高等学校相比，研究机构较多考虑成本和费用等问题。因为技术交易中已经形成了买方市场，这样就造成同样技术水平下，企业更愿意和高等学校进行技术合作。

（3）研究机构条块分割现象依然存在。条块分割造成研究机构更愿意与属于相同部门的企业合作，阻碍了与部门外企业的技术交流与合作。高等学校虽然也存在部门所属的现象，但是部门所属的高等学校所占比例较小，相对研究机构来讲，没有造成与企业技术合作的障碍。

---

① 《国务院关于进一步推进科技体制改革的若干规定》，参见科学技术白皮书第2号（1987）。

因此，研究机构对企业技术创新支持较弱不是其技术水平不足所造成的，而是其与企业合作的社会网络和支持环境的问题造成的。各地制定科技政策时，在考虑研究机构的企业化改革的同时，也应当注重研究机构对公共基础知识的重要意义，建立有利于研究机构与企业互动的社会网络。

在我国中等和低技术创新能力地区中，企业与研究机构和高等学校的知识流状况不但较差，而且也不稳定。这些地区在构建和完善区域创新系统的过程中，应当注意创新政策的连贯性和稳定性，以保持创新系统稳定发展。

我国各地区企业间技术合作状况很差，这与我国技术创新的信用环境有着密切关系。中国企业家系统于2002年4月14日公布了对全国4 695位企业董事长、总经理、CEO、厂长等有关企业信用状况的调查结果，调查显示：六成多企业老板认为在商务活动中跟人打交道要小心提防，信用不足使企业家顾虑重重。①

虽然我国高等学校相对研究机构来讲，同企业的互动状况较好。但是从总体来讲，我国企业和科研机构、企业和大学以及企业与企业之间合作、联系和知识流动不足。在着重解决企业之间及企业与研究机构知识流动不畅问题的同时，应进一步加强高等学校对地区内部企业技术创新支持的社会网络和环境建设，充分发挥目前高等学校对区域创新系统的重要作用。

综上所述，在区域创新系统建设过程中，不但要从体制上改革科技与经济脱节的弊端，也应当重视有利于高等学校和研究机构与企业合作社会网络的建设，加强区域创新系统有利于知识流动的社会信用体系建设，促进区域创新系统各机构的整合互动，使经济发展转移到依靠科技进步轨道的方针落到实处。

---

① 庄晓燕. CEO难信CEO [N]. 北京晚报. 2002-4-15 (10).

3.6 各地区知识吸收能力的研究

区域创新系统增加知识的途径主要通过系统内部研究与开发和吸收系统外部的知识。区域创新系统能否有效吸收和利用外部的知识，对提高创新系统的创新能力具有重要意义。特别对于绝大部分经济落后地区，由于科技基础相对薄弱，系统内部研究与开发获得知识能力不足，更应当注重吸收和利用外部的知识。

下面对我国各个地区的知识吸收状况进行研究。

3.6.1 各地区知识吸收能力的测算

各地论文发表量及引文统计数据选用中国科学引文数据库（CSCD），CSCD收录了由中国出版的582种核心期刊中的各种论文和引文数据，本书以2010年的统计数据为例进行研究。

论文发表数为一个地区在统计年中发表论文的数量，表示该地区的知识生产能力。

令 x_j 表示第 j 个地区（$j = 1, 2, \cdots, 31$）在统计年中发表论文的数量。

一个地区在统计年中引用其他地区论文数的数量，表示该地区吸收外部知识的能力。令 y_{1j} 为第 j 个地区在统计年中引用其他地区的引文数量。

一个地区在统计年中引用其他地区论文数占所有论文数量的比例，表明该地区吸收外部地区知识的倾向，知识吸收倾向的计算方法如下。

第 j 个地区知识吸收倾向为 z_j（$j = 1, 2, \cdots, 31$），按照公式（3-1）计算：

$$z_j = \frac{y_{1j}}{x_j} \quad (j = 1, 2, \cdots, 31) \tag{3.1}$$

知识吸收倾向表明该地区知识生产过程中，引用外部论文的倾向。

根据 2010 年各地区在 CSCD 统计源上论文发表的统计数据和公式（3.1）计算各地区知识吸收倾向，得到我国各省市知识生产能力、知识吸收能力和吸收倾向排序，如表 3-3 所示。

表 3-3　　　我国各地区知识生产能力、
知识吸收能力和吸收倾向排序

地区	生产能力排序	吸收能力排序	吸收倾向排序	地区	生产能力排序	吸收能力排序	吸收倾向排序
安徽	13	15	18	江西	30	30	10
北京	1	1	30	辽宁	12	10	27
福建	14	16	11	内蒙古	25	23	19
甘肃	19	19	13	宁夏	28	28	3
广东	2	4	5	青海	29	29	9
重庆	26	26	6	山东	6	8	15
广西	23	22	2	山西	21	21	4
贵州	24	25	31	陕西	7	7	25
海南	27	27	8	上海	4	2	28
河北	18	18	12	四川	9	5	29
河南	17	17	16	天津	11	11	22
黑龙江	15	14	24	西藏	31	31	7
湖北	5	6	23	浙江	8	9	20
湖南	10	12	14	云南	20	20	17
吉林	16	13	26	新疆	22	24	1
江苏	3	3	21				

对各地区的知识生产能力、知识吸收能力和知识吸收倾向进行相关分析，分析结果如表 3-4 所示。

表 3-4 知识吸收能力、生产能力和吸收倾向的相关分析结果

		生产能力	吸收能力	吸收倾向
生产能力	Pearson Correlation Sig. (2-taled) N	1 0.000 30	0.928** 0.000 30	-0.610* 0.000 30
吸收能力	Pearson Correlation Sig. (2-taled) N	0.928** 0.000 30	1 0.000 30	-0.509* 0.004 30
吸收倾向	Pearson Correlation Sig. (2-taled) N	-0.610** 0.000 30	-0.509** 0.004 30	1 0.000 30

注：** 表示5%显著性水平，* 表示10%显著性水平。

3.6.2 测算结果分析

对知识生产、吸收能力和知识吸收倾向进行两两相关分析，发现知识吸收能力与知识产出能力存在显著的正相关关系（相关系数0.928，显著水平0.01），而知识吸收倾向与知识产出能力存在显著的负相关关系（相关系数-0.610，显著水平0.01）。根据以上的相关分析和我国各省市知识生产能力、知识吸收能力和吸收倾向排序（如表3-3所示），发现在我国知识产出水平较高的地区吸收外部知识的能力强，但不倾向于利用外部知识。而我国知识产出水平较低的地区，因为内部知识生产能力不足，更倾向于利用外部的知识。

3.7 各地区知识溢出状况研究

区域创新系统在吸收和利用其他地区知识的同时，自身所生产的知识也被其他的区域所利用。从国家的角度出发，将发

达地区的知识转移向技术落后地区，有利于推动这些地区依靠技术创新推动地区发展，促进各地区共同发展目标的实现。下面对各地区知识溢出的状况进行研究。

3.7.1 各地区知识吸收能力的测算

同3.6节一样，本书利用中国科学引文数据库（CSCD）中2010年的统计数据为例来研究各地区知识溢出状况。

一个地区在统计年中被其他地区引用的引文数量，表示该地区知识溢出的状况。令 by_{1j} 为第 j 个地区（$j = 1, 2, \cdots, 31$）在统计年中被其他地区引用引文数。

第 j 个地区（$j = 1, 2, \ldots, 31$），知识溢出倾向 bz_j（$j = 1, 2, \ldots, 31$），按照公式（3.2）计算。

$$bz_j = \frac{by_{1j}}{x_j} \quad (j = 1, 2, \cdots, 31) \quad (3.2)$$

知识溢出倾向表明其他地区在知识生产过程中，引用该地区论文的倾向。

根据2010年各地区在CSCD统计源上论文发表的统计数据和公式（3.2）计算各地区知识溢出倾向，得到我国各省市知识生产能力、知识溢出状况和溢出倾向排序，如表3-5所示。

表3-5　　　　我国各地区知识生产能力、
知识溢出状况和溢出倾向排序

地区	生产能力排序	知识溢出状况	溢出倾向	地区	生产能力排序	知识溢出状况	溢出倾向
安徽	13	15	7	江西	22	10	2
北京	1	1	26	辽宁	9	31	14
福建	17	16	25	内蒙古	6	23	30
甘肃	14	19	1	宁夏	29	28	23
广东	31	4	19	青海	28	29	4
重庆	26	26	6	山东	8	8	17

表3-5(续)

地区	生产能力排序	知识溢出状况	溢出倾向	地区	生产能力排序	知识溢出状况	溢出倾向
广西	24	22	24	山西	21	21	10
贵州	23	25	3	陕西	7	7	21
海南	27	27	16	上海	2	2	15
河北	18	18	11	四川	5	5	13
河南	19	17	31	天津	12	11	12
黑龙江	15	14	22	西藏	30	30	28
湖北	4	6	9	浙江	11	9	20
湖南	16	12	27	云南	20	20	18
吉林	10	13	5	新疆	25	24	29
江苏	3	3	8				

对各个地区的知识生产能力、知识溢出状况和溢出倾向进行相关分析，分析结果如表3-6所示。

表3-6 知识生产能力、溢出状况和溢出倾向的相关分析结果

		生产能力	溢出状况	溢出倾向
生产能力	Pearson Correlation Sig. (2-taled) N	1 0.000 30	0.988** 0.000 30	−0.102* 0.593 30
溢出状况	Pearson Correlation Sig. (2-taled) N	0.988** 0.000 30	1 0.000 30	0.183* 0.334 30
溢出倾向	Pearson Correlation Sig. (2-taled) N	0.102 0.593 30	0.183 0.334 30	1 0.000 30

注:** 表示5%显著性水平,* 表示10%显著性水平。

3 区域创新系统知识流动研究 | 53

3.7.2 测算结果分析

通过对知识生产能力、知识溢出状况和溢出倾向进行两两相关分析，可以发现知识溢出状况与知识产出能力存在显著的正相关关系（相关系数 0.988，显著水平 0.01），而知识溢出倾向与知识产出能力存在不显著的正相关关系（相关系数 0.102，显著水平 0.593）。通过以上的相关分析和我国各省（自治区、直辖市）知识生产能力、知识溢出状况和溢出倾向排序（如表 3-5 所示）可以发现：在我国知识产出水平较高的地区知识溢出较多，而我国知识产出水平较低的地区知识溢出较少，各个地区知识溢出倾向基本同知识生产能力基本没有相关性，说明知识的溢出相对知识吸收来讲具有被动的特点。

区域创新环境是影响知识吸收和溢出的主要因素，有关影响知识的溢出和吸收的因素分析将在第 6 章区域创新环境中加以讨论。

3.8　区域创新系统知识流动稳定性的测度研究

3.3 节对创新系统大学和研究机构同企业的交互作用关系的分析表明，区域创新系统内部各个机构之间知识流动是处于不断变化的过程中，测度创新系统合作程度和其合作的稳定程度，有利于区域政府了解本地区创新系统间知识流动的状况，并制定相应的技术创新政策以促进区域创新系统各个机构之间的知识流动稳定增长。

3.8.1　创新系统的分层框架

由于国家创新系统包括创造、传播和应用各种知识的行为者之间错综复杂的关系，而且其各个区域创新子系统之间，以及子系统同环境之间存在着交互作用关系，因此国家创新系统为开放复杂巨系统。复杂系统是由多个层次构成，对系统的研究必须确立正确的研究层次。

区域创新系统是由不同创新机构相互作用构成的整体，其主要功能是提高区域创新能力，促进经济可持续发展。区域创新系统是国家创新系统的子系统，但是我国各个地区创新能力差距较大，有些子系统之间不具有可比性。为了研究方便，笔者对我国创新系统采取如下的分层方式：按照第 2 章对我国创新系统的分类方法，在国家创新系统和区域创新系统之间加上创新系统所属类别这一层次。这样，国家创新系统的层次划分如图 3-9 所示：

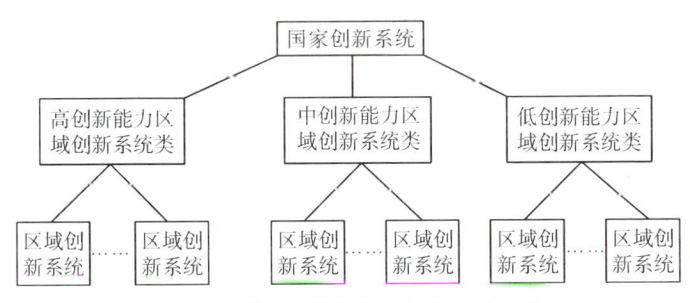

图 3-9 我国区域创新系统的层次划分

国家创新系统由高创新能力区域创新系统类、中创新能力区域创新系统类和低创新能力区域创新系统类三个子系统构成，每类创新系统由从属于该类的区域创新系统构成。由于不同类别区域创新系统间的差别较大，本节对各个类别创新系统内的区域创新系统进行比较和分析。

3.8.2 测度创新系统交互关系的指标

根据哈肯的协同学理论,宏观系统由微观的基本元素构成,系统的性质改变是由子系统之间的合作所致,这是事物发展的内因。系统演化过程是由控制变量驱动状态变量不断产生量变以致质变的过程,系统的状态参量分为快驰豫参量和慢驰豫参量,系统的慢驰豫参量决定系统的演化方向,称为系统的序参变量。

区域创新系统内大学、企业和研究机构之间的知识流动是其主要要素间的作用关系。各个要素间的相互作用,决定了区域创新系统产学研合作创新的有序发展。因此本书以大学、企业和研究机构间的知识流作为序参变量来研究产学研合作的有序度和稳定度。

3.8.3 测度创新系统机构间相互作用关系的理论

考虑某类系统 S,其由 m 个子系统构成。系统 S 的子系统 S_i,$i \in \{1, 2, \cdots, m\}$ 由 n 个要素组成,每个要素可以由 S_{ij},$j \in \{1, 2, \cdots, n\}$ 表示。子系统 S_i,$i \in \{1, 2, \cdots, m\}$ 各个要素作用关系,包括自身的作用关系,共有 $l = \dfrac{n(n-1)}{2}$ 对,描述子系统 S_i 各个要素间相互作用关系的序参向量为 $e_i = (e_{i1}, e_{i2}, \cdots e_{il})$,$e_{i1}, e_{i2}, \cdots e_{il}$ 的取值越大表示子系统 S_i 的各要素的交互作用关系越强。对于高创新能力系统类 S,其由 $m = 7$ 个区域创新系统构成。对于其中第 i 个区域创新系统 S_i,$i \in \{1, 2, \cdots, m\}$,由 $j = 3$ 类要素组成,这三类要素分别为大学、研究机构和企业。三类要素间的作用关系共有 $l = 6$ 对,即高等学校之间、研究机构之间、企业之间、高等学校与研究机构之间、高等学校与企业之间、研究机构与企业之间的相互作用。这六对作用关系的序参量以其论文合著数量作为测度指标,序参向量为 $e_i =$ $(e_{i1}, e_{i2}, \cdots e_{i6})$,其中 $e_{i1}, e_{i2}, \cdots e_{i6}$ 分别为第 i 个区域创新系统 S_i 中的 6 对作用关系,其取值越大,表示要素间的交互作用关系越强,即知识流动越强。对于中低创新能力的创新系统类,序参向量的意义同高创新能力类的定义相同。

定义:对于属于某类别的区域创新系统 S_i,第 k 个序参量的系统有序度如式(3.3)所示。

$$u(e_{ik}) = \begin{cases} \dfrac{e_{ik} - \beta_{ik}}{\alpha_{ik} - \beta_{ik}} & 当 \alpha_{ik} \neq \beta_{ik} \\ 0 & 当 \alpha_{ik} = \beta_{ik} \end{cases} \tag{3.3}$$

其中 $\alpha_{ik} = \max(e_{ik})$,$i \in \{1, 2, \cdots, m\}$;$\beta_{ik} = \min(e_{ik})$,$\iota \in \{1, 2, \cdots, m\}$,分别表示属于该类的所有区域创新系统第 k 个序参变量的最大值和最小值。$u(e_{ik})$ 越大,表示区域创新系统 S_i 的第 k 个序参变量相对该类其他区域创新系统第 k 个序参变量来说取值数值越大,交互作用关系越显著。

设在 t 时刻区域创新系统 S_i 各个要素之间关系作用强度为 $u^t(e_{ik})$,$k \in \{1, 2, \cdots, l\}$ 的算数平均值来表示,u^t_i 表示子系统 S_i 各要素间相互作用关系的强度,u^t_i 的计算如式(3.4)所示。

$$u^t_i = \frac{1}{l} \sum_{k}^{l} u^t(e_{ik}) \tag{3.4}$$

u^t_i 为区域创新系统 S_i 系统有序度。

按照协同学的观点,系统由无序走向有序的机制关键在于系统内部序参量之间的协同作用,创新系统内部各个要素的作用关系演化主要取决于内部各个要素之间的协同作用。

设给定初始时刻 t_0 而言,子系统 S_i 各要素交互作用关系的强度为 u^0_i,t_g,$g \in \{0, 1, \cdots, G\}$ 时刻子系统 S_i 各要素交互作用关系的强度为 u^g_i。系统 i 从 t_0 到 t_G 有序度的变化过程如图3-10

所示。

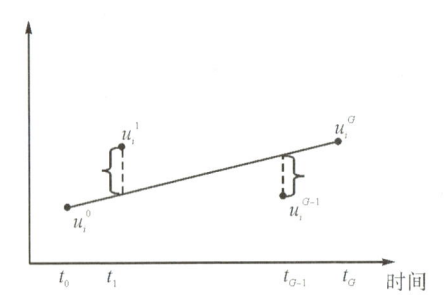

图 3-10 系统 i 有序度变化

如图 3-10 所示，系统 i 从 t_0 变化到 t_G 过程中，序参量围绕总体趋势（t_0, u_i^0），（t_G, u_i^G）所表示的直线上下波动，表现出系统有序度变化的不稳定性。系统有序度的变化越大，表明系统内部交互作用关系变化越不稳定。系统 S_i 在 $t \in \{0, 1, \cdots, G\}$ 时间内的交互作用关系的不稳定程度可以用（3.5）式所示。

$$cm_i = \sqrt{\sum_{t=1}^{G} \left| u_i^t - (\frac{g}{G}(u_i^G - u_i^0) + u_i^0) \right|} \tag{3.5}$$

cm_i 值越大表示子系统 S_i 要素间的整体作用关系在 $t \in \{0, 1, \cdots, G\}$ 时间内越不稳定，值越小表示子系统 S_i 要素间的整体作用关系在 $t \in \{0, 1, \cdots, G\}$ 时间内越稳定。

子系统 S_i 在 $t \in \{0, 1, \cdots, G\}$ 时间的平均有序度 $\bar{u}_i$ 采取算数平均值，计算公式如（3.6）所示。

$$\bar{u}_i = \frac{1}{G} \sum_{t=1}^{G} u_i^t \tag{3.6}$$

$\bar{u}_i$ 越大表示系统 S_i 在 $t \in \{0, 1, \cdots, G\}$ 时间内的总体作用强度越高。

在 $[0, G]$ 内，子系统 S_i 有序度增量的计算公式如（3.7）

所示。

$$\hat{u}_i = u^G_i - u^0_i \quad (3.7)$$

$\hat{u}_i$ 越大表示系统 S_i 在 $[0, G]$ 时间的有序度增量越大。

3.8.4 区域创新系统创新主体间交互作用及其演化的分析

根据 2000—2010 年我国各个创新系统各个机构间论文合著数据（源于 CSCD 数据库），以及区域创新系统的系统有序度、不稳定度、平均有序度和有序度增长的定义，分别如式（3.4）、（3.5）、（3.6）和（3.7）所示，计算我国 2000—2010 年各个地区不稳定度、有序度增长和平均有序度，结果如表 3-7 所示。

表 3-7　2000—2010 年我国各个地区不稳定度、
有序度增量和平均有序度

地区	不稳定度	有序度增长	平均有序度	地区	不稳定度	有序度增长	平均有序度
北京	0.88	0.29	0.83	浙江	0.98	-0.15	0.47
广东	0.88	0.24	0.12	安徽	1.11	0.09	0.69
江苏	0.74	-0.09	0.25	福建	1.11	0.24	0.51
辽宁	0.74	0.03	0.3	甘肃	0.9	-0.05	0.51
山东	0.86	0.22	0.2	广西	0.73	0.01	0.16
上海	1.01	-0.36	0.48	贵州	0.65	0.14	0.12
四川	0.89	0.03	0.15	海南	0.86	0.01	0.1
河北	1.02	0	0.19	江西	0.7	0.14	0.14
河南	1.14	0.35	0.24	内蒙古	0.77	0.18	0.18
黑龙江	1.14	0.34	0.43	宁夏	0.42	0.02	0.02
湖北	0.78	0.07	0.49	青海	0.36	0	0.03
湖南	0.81	0.01	0.13	山西	1.12	0.15	0.36
吉林	1.41	0.07	0.58	西藏	0.14	0	0
陕西	0.95	-0.03	0.46	新疆	0.9	0.16	0.17
天津	1.12	-0.19	0.33	云南	1.25	0.15	0.49
重庆	0.93	0.20	0.10				

根据高创新能力地区历年有序度数据 u_i^t, $t \in \{0, 1, \cdots, G\}$，其各个创新子系统的有序度演化过程如图 3-11 所示。

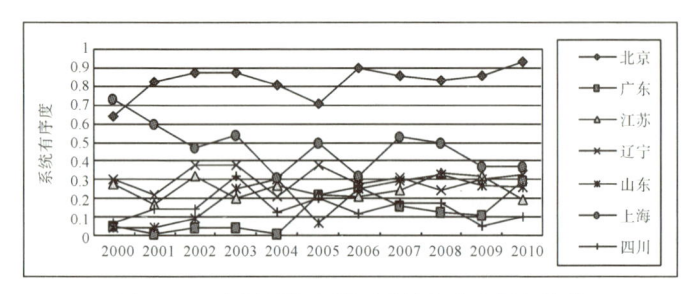

图 3-11　高创新能力地区系统有序度历年数值

3.8.4.1　高创新能力区域创新系统交互关系有序度分析

结合表 3-7 数据和图 3-11，高创新能力各地区有序度的演化特点如下：

（1）北京平均有序度最高，广东平均有序度最低，山东的平均有序度较低，三个地区的有序度增加较快，有序度变化的稳定性也较为平稳。

（2）辽宁和四川有序度虽然增加很少，但辽宁的平均有序度水平较高，而且有序度的变化稳定。四川平均有序度较低，而且变化过程较不稳定。

（3）上海的平均有序度虽然较高，但这 10 年呈现出强烈的不稳定下降。江苏平均有序度属于中等水平，有序度的变化为稳定下降趋势，下降幅度并不明显。

3.8.4.2　中创新能力区域创新系统交互关系有序度稳定分析

根据中创新能力地区历年有序度数据 u_i^t, $t \in \{0, 1, \cdots, G\}$，其各个创新子系统的有序度演化过程如图 3-12 所示。

结合表 3-7 数据和图 3-12，中创新能力各地区有序度的演化特点如下：

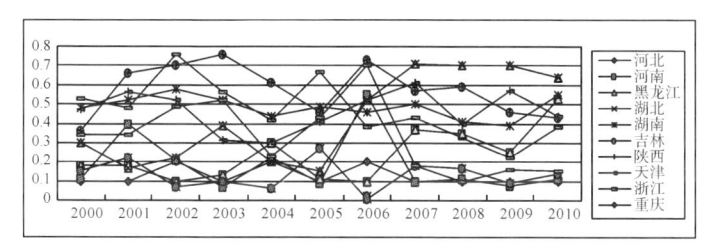

图 3-12　中等创新能力地区系统有序度历年数值

河北与重庆平均有序度较低，虽然有序度经过较为不稳定的变化，但是 10 年来有序度没有改变，回到 2000 年的水平。

黑龙江平均有序度较低，河南的平均有序度较高，两个地区有序度变化规律完全相同，都表现为较不稳定的高度增长。

湖北和吉林平均有序度较高，增加都较少，湖北有序度的变化过程最为稳定，而吉林的变化过程极为稳定。

湖南平均有序度水平较低，有序度为稳定下降，但是下降幅度不大。

浙江和陕西平均有序度较高，有序度为较为不稳定下降，陕西的下降幅度较小，浙江下降程度较大。

天津平均有序度为中等水平，有序度为不稳定下降，下降幅度最大。

3.8.4.3　低创新能力区域创新系统交互关系有序度稳定分析

根据低创新能力地区历年有序度数据 u^t_i, $t \in \{0, 1, \cdots, G\}$，其各个创新子系统的有序度演化过程如图 3-13 所示。

结合表 3-7 数据和图 3-13，低等创新能力各地区有序度的演化特点如下：

低创新能力地区除甘肃外，其他地区有序度经过 10 年的演化，都有不同程度的增加。

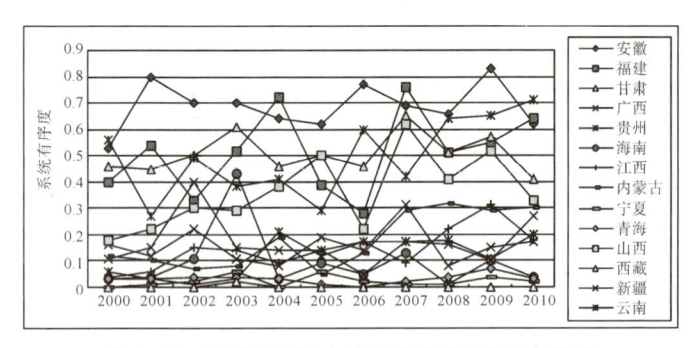

图 3-13 低等创新能力地区系统有序度历年数值

西藏、宁夏和青海的平均有序度程度很低,有序度变化稳定,而且变化幅度很小。

海南和广西平均有序度较低,有序度变化较为稳定,变化幅度较小。

贵州、江西、新疆和内蒙古平均有序度较低,虽然有序度变化较为稳定,但是变化幅度较大。

山西、云南、福建和安徽平均有序度高,虽然有序程度增加都较快,但是有序度的变化都很不稳定。

甘肃平均有序度高,10 年间经过较不稳定的变化,是低创新地区仅有的有序度下降地区。

3.8.5 有序度及其演化的政策意义

根据本书对区域创新系统各要素交互作用关系的平均有序度、有序度增长幅度和稳定度的定义,平均有序度的含义为 10 年间各个地区产学研之间交互作用整体强度。有序度增长幅度的含义为经过 10 年的变化,产学研之间交互作用关系增长情况。不稳定度的含义为各地区产学研交互作用关系的变化是否稳定,不稳定度低表示交互作用关系稳定,不稳定度高表示交互作用关系不稳定。本章对各个地区有序度演化和平均有序度、有序度增长幅度和稳定度的分析，发现各个地区创新系统交互作用关系存在问题。各地政府应针对各个地区存在的问题，制定相应的技术创新政策，解决产学研之间交互作用关系存在的问题，促进区域产学研之间的交互作用关系稳定增强。

4 区域创新能力不平衡性及其投入因素分析

随着我国由计划经济体制向市场经济体制过渡，各省、市、自治区已逐步成为相对独立的利益主体，各地政府都致力于制定相应的政策，推进经济发展与社会进步。由于各地区的自然资源、社会经济条件与历史等因素的差别，各地区的经济发展必然会发生差异，形成各具特色的区域经济。由于区域的最终资源限制与科学技术对经济的促进作用逐渐显著，将经济发展转移到依靠科技进步的轨道上，是各地政府制定科技与经济政策首先考虑的问题。

由于历史与现实的种种原因，我国各地区创新能力有着很大的差别。研究各地区创新能力的不平衡状况，分析引起各地区不平衡现状的原因与创新能力各决定因素与创新能力的关系，对各地政府制定科技与经济政策具有重要的现实意义。

4.1 区域创新能力投入决定因素的指标体系

根据第 2 章对我国区域创新系统结构的分析，结合弗尔曼提出的国家创新能力分析框架，决定创新系统创新能力的创新投入可以分为创新基础因素、创新环境因素与创新机构间合作。

各类因素及其测度指标如下。

4.1.1 区域创新基础因素

根据罗默的研究，人力资本是研究开发中的一种关键投入品，而后者又会产生新的思想与产品并导致技术进步。同时尼尔森指出，一个地区的人力资本存量越高，其吸收新产品与新思想的能力越强。因此，研究机构、企业与高等学校创新人力投入为该地区创新的基础因素，分别用这些机构中科学家与工程师的数量来表示不同机构的创新人力投入。

国家与地区政府对研究机构、企业与大学 R&D 投资所产生的新技术与知识为技术创新提供了知识储备与创新的源泉，因此国家与地区政府对研究机构、企业与大学 R&D 投资是一个地区财力投入的基础因素。

4.1.2 技术创新投资环境因素

按照波特国家创新能力钻石模型，地区企业间的相互竞争促进企业加强其 R&D 的投入力度，各地区企业研究开发投入反映出该地区竞争的程度。同样根据创新能力的钻石模型，一个地区的风险投资是构成创新投资环境的重要因素，由于我国风险投资刚刚起步还不完善，本书用银行对企业与研究院所的研究开发贷款作为风险投资的替代指标，以表示创新投资环境。

4.1.3 创新机构间的合作

高等学校与研究机构接受企业的研究经费为企业从事研究开发工作，这时企业利用高等学校与研究机构的人才与设备资源，将高等学校与研究机构所生产的知识用于企业技术创新活动，知识由高等学校与研究机构流向企业。从企业的角度来看，付给高等学校与研究机构的资金代表了高等学校与研究机构流向企业知识的价值,企业对研究院所与大学的 R&D 投入表示企业与研究所与大学的合作程度。

综上所述,区域创新系统创新人力与财力投入的各类指标及其变量表示如表 4-1 所示。

表 4-1　　　　　创新人力与财力投入的各类指标

区域创新能力决定因素		变量表示
各机构的人力资源	研究机构科学家与工程师	X_1
	企业科学家与工程师	X_2
	高校科学家与工程师	X_3
研究机构资金来源	政府	X_4
	企业	X_5
	银行	X_6
企业创新资金来源	政府	X_7
	银行	X_8
	企业	X_9
高校创新资金来源	政府	X_{10}
	企业	X_{11}

本章根据表 4-1 所示的创新能力决定因素的指标,研究我国区域创新系统演化。

4.2　我国区域创新系统创新能力不平衡性的演化过程

由于历史与现实的种种原因,我国各地区创新能力有着很大的差别。研究各地区创新能力的不平衡状况是分析引起各地区不平衡现状的原因前提,本章研究我国区域创新系统不平衡现状。

4.2.1 泰尔熵对系统间不平衡性的分解

以 1995—2010 年各个地区历年专利申请量之和衡量其整体技术创新能力,绘制各个地区技术创新能力的柱状图,如图 4-1 所示。

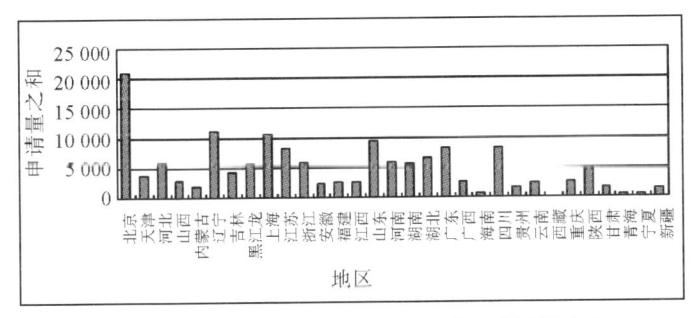

图 4-1　1995—2010 年各地区历年专利申请量之和

如图 4-1 所示,我国各个区域创新系统的创新能力的发展很不平衡。为了研究我国区域创新能力不平衡性在各个地区的分布,按照第 2 章对我国区域创新系统的分类,将我国区域创新能力不平衡分解为:高创新能力地区内部不平衡,中等创新能力地区内部不平衡,低创新能力地区内部不平衡,以及高、中与低创新地区之间的不平衡。定量分析这些差异,必须将整体差异分解为各类地区内部与不同类型地区间差异之和,泰尔指数(Theil entropy)就是符合这样分解的数学工具。泰尔指数可将整体差异分解为子类内部差异与子类间差异之和。

如果 $y = (y_1, \cdots, y_n)$ 是 n 个地区的创新能力分布向量,n 个地区创新能力均值 $\mu = \sum_{i=1}^{n} y_i/n$,则根据泰尔指数分解,$n$ 个地

4 区域创新能力不平衡性及其投入因素分析 | 67

区创新能力不平衡状况的泰尔指数如公式（4.1）所示：

$$T(y; n) = \frac{1}{n}\sum_{i=1}^{n}\frac{y_i}{\mu}\log\frac{y_i}{\mu} \tag{4.1}$$

若将所有地区分为 G 个不相交的子集，每个子集 g 由 n_g 个地区所组成，设第 g 子集的创新能力分布向量为 $y^g = (y_1^g, \cdots, y_{n_g}^g)$，创新能力均值为 u_g，利用 T 对 y 的均衡性，则泰尔指数可以进行下述分解。

$$T(y; n) = T(y^1, y^2, \cdots, y^G; n)$$

$$= \frac{1}{n}\sum_{g=1}^{G}\sum_{i=1}^{n_g}\frac{y_i^g}{\mu}\log\frac{y_i^g}{\mu}$$

$$= \sum_{g=1}^{G}\frac{n_g\mu_g}{n\mu}T(y^g; n_g) + \frac{1}{n}\sum_{g=1}^{G}n_g\frac{\mu_g}{\mu}\log\frac{\mu_g}{\mu} \tag{4.2}$$

使用公式（4.2）可对我国区域创新能力不平衡现状进行分解，$\sum_{g=1}^{G}\frac{n_g\mu_g}{n\mu}T(y^g; n_g)$ 为地区间的不平衡，$\frac{n_g}{n}\frac{\mu_g}{\mu}\log\frac{\mu_g}{\mu}$ 为 g 类地区内的不平衡，因此利用式（4.2）可以将整体创新能力不平衡 $T(y; n)$，分解为 G 类地区间不平衡 $\sum_{g=1}^{G}\frac{n_g\mu_g}{n\mu}T(y^g; n_g)$ 与所有 G 类地区内的不平衡 $\frac{1}{n}\sum_{g=1}^{G}n_g\frac{\mu_g}{\mu}\log\frac{\mu_g}{\mu}$，$g \in \{1, \cdots, G\}$。

4.2.2 我国区域创新系统间不平衡发展

将第 t 统计年的各个地区发明专利申请量作为该统计年我国各个区域创新系统创新能力分布向量 $y = (y_1^t, \cdots, y_n^t)$，$n = 30$，以高创新能力地区、中等创新能力地区与低创新能力地区作为我国区域划分的三个不相交的子集，则根据式（4.2），可将该统计年我国整体创新能力的不平衡具体分解为：高创新能力地区内部不平衡，中等创新能力地区内部不平衡，低创新能力地区内部不平衡，以及高、中与低创新地区之间不平衡。在利用泰尔指数计算各地区创新能力不平衡时，要求度量创新能力的指标大于0，但有些省市在一些年份的发明专利申请量为0，导致泰尔指数无法应用。对于这种情况，本文将发明专利申请量为0的数据用一个较小的值（0.000 1）替换，泰尔指数就能够照常使用，并且对结果的影响非常小，以至可以忽略不计。根据对1995—2010年历年各个地区创新能力分布向量进行泰尔指数分解，发现在此期间，创新能力整体不平衡在经过2年的下降后，进入一个比较平稳的时期，经过10年左右的平稳期后，从2007年开始，不平衡指标迅速上升，表明我国地区间创新能力的发展不平衡有加重的趋势。另外，我国各类别地区间创新能力不平衡很大程度上影响着总体创新能力不平衡，并且决定总体不平衡的基本走势。各类地区内部的创新能力不平衡状况较弱，而且相对比较稳定，这表明我国各类地区内部的创新能力差异不大，而且相对比较平稳。但在近两年高创新能力地区内部不平衡状况有升高的趋势，导致了我国区域创新能力不平衡状况的加剧。由于技术进步是推动地区经济发展的重要动力，地区间创新能力不平衡发展与差距扩大将影响到地区经济发展差距的近一步扩大。地区间差距的扩大，将对我国经济发展造成很大的影响，并容易造成社会矛盾。因此，我国今后的经济发展方针是促进区域经济协调发展，逐步缩小地区差距。缓解区域创新能力不平衡的现状，要研究造成地区间创新能力不平衡发展的主要因素与区域创新系统主要存在的问题，帮助落后地区找出造成低创新能力的主要原因，推进这些地区的技术进步与经济发展。

4.3 创新能力决定因素的综合测度指标及其不平衡演化

研究造成我国各个地区创新能力不平衡的原因,必须研究各地区创新能力决定因素不平衡状况及其同创新能力不平衡的关系。为了研究创新能力决定因素不平衡状况,必须对这些因素指标加权平均,下面利用主成分的方法求解这些指标的权重。

4.3.1 主成分分析基本思想与方法

主成分分析方法就是一种将原来多个指标转化为少数几个互不相关综合指标的多元统计方法。这少数几个综合指标能够把个体间大大小小的差异都集中起来,达到减少指标个数的目的。下面介绍主成分分析的思想、方法及其如何确定指标权重。

4.3.1.1 求解主成分的基本思想

对于有 p 个指标的总体 $X=(x_1, x_2, \cdots, x_p)'$,确立 X 的综合指标 $y_1, y_2, \cdots, y_m$,$m \leq p$ 的确定原则是:

(1) y_i 是 X 的线性组合,即要求 $y_i = l_i'X$,l_i 是 $p \times 1$ 的维待定向量,$i=1, 2, \cdots, m$。

(2) y_1 是 $(x_1, x_2, \cdots, x_p)'$ 的一切线性组合中方差最大的。y_2 是与 y_1 不相关,且是 $(x_1, x_2, \cdots, x_p)'$ 的一切线性组合中方差最大的。依此类推,y_m 是与 $y_1, y_2, \cdots, y_m-1$ 都不相关,在 $(x_1, x_2, \cdots, x_p)'$ 的一切线性组合中方差最大的。

这样的 $y_1, y_2, \cdots, y_m$ 称为 X 的第一、第二……第 m 个主成分。方差大小表示包含原有信息的多少,因此 $y_1, y_2, \cdots, y_m$ 包含的信息量因此依次递减。前 m 个主成分的累计贡献率

$\sum_{j=1}^{m} \lambda j / \sum_{j=1}^{p} \lambda j$,表示前 m 个主成分能够解释整体变差的比例。在实际应用中,选取前几个主成分即可,这样虽损失了一定量的信息,但抓住了这样矛盾,简化了分析。这就是构造主成分的基本思想。

4.3.1.2 主成分求解步骤

主成分求解定理,设 $X = (x_1, x_2, \cdots, x_p)'$,其协方差矩阵 $\Sigma > 0$,其特征根为 $\lambda_1, \lambda_2, \cdots, \lambda_p$,其中 $\lambda_1 \geq \lambda_2 \geq \cdots$, $\geq \lambda_m > 0, \lambda_{m+1} = \lambda_{k+2} =, \cdots, = \lambda p = 0$;$\gamma_i$ 为 λ_i 对应的单位化特征向量,则第 i 主成分为 $y_i = \gamma_i' X$,$i = 1, 2, \cdots, m$。

这样寻找总体 X 的主成分就转化为求 X 的协方差矩阵 Σ 的特征根与特征向量的问题,具体步骤如下:

求 X 的协方差矩阵 Σ 的特征根,记为 $\lambda_1 \geq \lambda_2 \geq, \cdots, \geq \lambda_m, \lambda_{m+1} = \lambda_{k+2} =, \cdots, = \lambda p = 0$;

求 λ_i 对应的特征向量 γ_i,$i = 1, 2, \cdots, m$。

计算第 i 个主成分 $y_i = \gamma_i' X$,$i = 1, 2, \cdots, m$。

在实际应用中,总体协方差矩阵常常是未知的,这时我们就用样本协方差矩阵 S 来代替总体协方差矩阵 Σ。

4.3.1.3 主成分用于系统评估中指标权重的确定

在进行系统评估时,常常遇到如何确定指标权重的问题。常用权重确定方法有专家评分法、模糊综合评判法与层次分析法等多种方法。近年来随着多元统计方法的应用与普及,主成分分析法也成为构造权重的方法之一。

主成分分析方法确定权重的基本思想是将高维数据化简为一维。第一主成分代表了数据变异最大的方向,并且与原始变量相关性最强,用它来描述系统时信息损失最小,因此可以使用最大特征值 λ_1 对应的特征向量 γ_1 的各分量作为各指标的权重。在用 γ_1 各分量作为指标权重时,必须满足所有分量都大于

0 的条件，否则 γ_1 各分量不能作为各指标权重。

4.3.2 区域创新能力综合影响因子及其不平衡发展

在实际问题中，由于样本的各指标可能具有不同性质的量纲（如长度、重量与体积等），或者虽然取相同性质量纲但数据相差悬殊（如百万千克与千克）。为了消除不同量级指标对方差的影响，在实际中常将指标进行标准化处理。处理方法如下。

设 x_{ij} 为第 j 个样本的第 i 个指标值，令 u_i 为该指标的样本均值，S_i 为该指标的样本标准差，则 x_{ij} 标准化后的指标 $z_{ij} = \dfrac{x_{ij} - u_i}{S_i}$ 的均值为 0，方差为 1。但是经过该方法处理后的数据有些成为负数，这样在用第一主成分对系统进行评估时，有些省市的评估值为负数。由于泰尔指数要求所有单元的数据为正，无法对各省市的创新能力决定因素状况进行泰尔指数分解。

为了计算与分析的方便，对各测度创新能力决定因素各指标的样本数据（2002—2010 年）进行处理，按百分制评分，以消除由于单位不同带来的影响。令 x_i' 表示第 i 个（$i = 1, 2, \cdots, 31$）地区 t（$t = 2002, 2003, 2004, 2005, \cdots, 2010$）统计年中某指标的统计值，$y_i'$ 表示第 i 个（$i = 1, 2, \cdots, 31$）地区 t（$t = 2002, 2003, 2004, 2005, \cdots, 2010$）统计年中该指标分数，评分具体算法如式（4.3）所示。

$$y_i^t = \frac{100 \times x_i^t}{\max\limits_{i, t}(x_i^t)} \quad (i = 1, 2, \cdots, 31) \quad (t = 2002, 2003, 2004, 2005, \cdots, 2010) \quad (4.3)$$

根据评分，得到 2002—2010 年各个地区创新能力决定因素各个指标的分数，以该数据作为创新能力决定因素 $x_1, x_2, \cdots, x_{11}$ 的样本（样本量为 270 个），计算区域创新能力决定因素 11 个指标 $x_1, x_2, \cdots, x_{11}$ 的样本协方差矩阵，得到协方差矩阵如表 4-2 所示。

表 4-2　　　创新能力决定因素协方差矩阵

变量	协方差矩阵									
X_1	307.05	150.93	301.34	157.24	250.01	125.04	122.61	98.90	103.96	187.13	154.28
X_2	150.93	364.40	259.78	74.62	120.22	72.99	231.37	246.18	261.58	130.74	164.90
X_3	301.34	259.78	538.24	128.39	291.29	122.89	191.24	248.87	221.34	176.59	175.80
X_4	157.24	74.62	128.39	105.18	106.13	68.95	62.52	39.05	56.59	119.73	106.84
X_5	250.01	120.22	291.29	106.13	259.85	104.38	82.22	104.33	100.83	132.40	106.86
X_6	125.04	72.99	122.89	68.95	104.38	87.35	56.88	53.52	63.19	84.48	78.12
X_7	122.61	231.37	191.24	62.52	82.22	56.88	300.77	151.28	143.25	95.06	112.74
X_8	98.90	246.18	248.87	39.05	104.33	53.52	151.28	301.81	252.53	84.73	111.70
X_9	103.96	261.58	221.34	56.59	100.83	63.19	143.25	252.53	299.36	112.23	172.43
X_{10}	187.13	130.74	176.59	119.73	132.40	84.48	95.06	84.73	112.23	164.42	154.82
X_{11}	154.28	164.90	175.80	106.84	106.86	78.12	112.74	111.70	172.43	154.82	232.34

计算该协方差矩阵的特征值与特征向量，得到最大特征值 $\lambda_1 = 1\,802.77$，所对应的特征向量为：$\gamma_1 = (0.33, 0.37, 0.48, 0.17, 0.29, 0.15, 0.27, 0.30, 0.31, 0.24, 0.26)$，11 个特征值之和 $\sum_{j=1}^{11} \lambda j = 2\,960.79$。

第一主成分的贡献率 $\lambda_1 / \sum_{j=1}^{11} \lambda j$ 的值为 60.888%，并且 γ_1 的各个分量大于 0，因此 γ_1 的各个分量可以作为各个指标权重。因此可以用第一主成分表示创新系统创新能力的综合决定因素，本文称之为创新能力综合影响因子。肯德尔以 10 种农作物作为农业产出指标，以其第一主成分作为英国的农业产出的评估指数，该主成分的累计贡献率为 47.6%。创新能力综合影响因子的贡献率为 60% 以上，因此用创新能力综合影响因子可以测度我国各区域创新能力。

令 $y_{i,j}^t$ 为第 i 个地区的第 j 个指标在第 t 统计年的分数值，γ_{1j} 为特征向量 γ_1 的第 j 个分量值。则第 i 地区，第 t 统计年的创新能力综合影响因子如式（4.4）所示：

$$f_i^{\,t} = \sum_{j=1}^{11} y_{ij}^{\,t} \gamma_{1j} \qquad (4.4)$$

按照式（4.4）计算各个地区 2002—2010 年的创新能力综合影响因子。

以高创新能力地区、中等创新能力地区与低创新能力地区作为我国区域划分的三个不相交的子集，第 t 统计年的各个地区创新能力综合影响因子的分布向量 $f = (f_1^{\,t}, \cdots, f_n^{\,t})$，$n = 31$，则根据式（4.2），将该统计年我国创新能力综合影响因子的不平衡具体分解为高创新能力地区内部不平衡，中等创新能力地区内部不平衡，低创新能力地区内部不平衡，以及高、中与低创新地区之间的不平衡。

根据对 2002—2010 年历年（1993 年数据缺失）各个地区创新能力综合影响因子的分布向量进行泰尔指数分解，得到 2002—2010 年我国历年创新能力综合影响因子整体地区间不平衡状况，各地区内部不平衡与地区间不平衡，结果如图 4-2 所示。

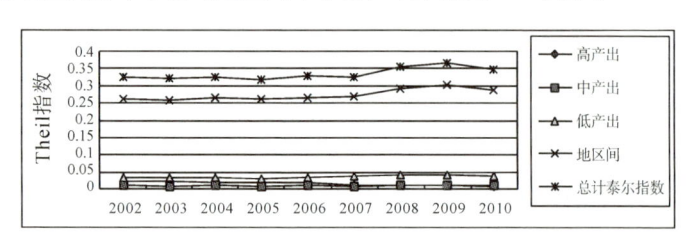

图 4-2　区域创新能力综合决定因子不平衡演化

由图 4-2 可见，从 2002—2010 年，整体不平衡指标在经过几年的平稳发展后，从 2007 年开始，不平衡发展趋势开始增大，到 2010 年有所下降，表明我国地区间创新能力综合影响因子发展不平衡状况有加重的趋势。另外，我国各类地区间创新能力综合影响因子的不平衡影响着总体创新能力综合影响因子差异的很大部分。各类地区内部的创新能力综合影响因子不平衡状况较弱,而且相对比较稳定,这表明我国各类地区内部的创新能力综合影响因子变化不大。创新从投入到产出需经过一定的时间延迟,一般假设该延迟时间为两年,按照延迟时间为两年考虑,对 2002—2009 年各个地区创新能力综合影响因子及其延迟两年的发明专利申请量共 240 个样本进行相关分析,相关系数为 0.744,显著水平为 0.01,表明所计算出的创新能力综合影响因子与创新能力决定因素选择是合理的。创新能力综合影响因子反映出创新系统的基本状况,消除地区间创新能力不平衡的现状在很大程度上取决于提高落后地区创新能力综合影响因子的水平,推进其创新能力的提高,逐步消除区域间创新能力不平衡,促进区域的协调发展。

4.4 区域创新能力的影响因素与创新能力的关系

上节分析了创新能力综合影响因子同创新能力的关系。为了分析决定创新能力综合影响因子各个因素同区域创新能力的关系,下面首先介绍多元回归分析有关多重共线性与岭回归的有关内容。

4.4.1 多元线性回归中多重共线性与岭回归分析

4.4.1.1 多元线性回归分析参数最小二乘估计

设随机变量 y 与一般变量 $x_1, x_2, \cdots, x_p$ 的线性回归模型为

$$y = \beta_0 + \beta_1 x_1 + \beta_2 x_2 + \cdots + \beta_p x_p + \varepsilon \tag{4.5}$$

其中 $\beta_0, \beta_1, \cdots, \beta_p$ 是 $p+1$ 个未知参数,β_0 称为回归常数,$\beta_0, \cdots, \beta_p$ 为回归系数。y 为因变量,$x_1, x_2, \cdots, x_p$ 为自变量。

当 $p \geq 2$ 时,称式(4.5)为多元线性回归模型。

对 n 组观测数据 $(x_{1i}, x_{2i}, \cdots, x_{pi}; y_i)$,$i = 1, 2, \cdots, n$,令

$$y = \begin{bmatrix} y_1 \\ y_2 \\ \vdots \\ y_n \end{bmatrix} \quad X = \begin{bmatrix} 1 & x_{11} & \cdots & x_{1p} \\ 1 & x_{21} & \cdots & x_{2p} \\ \vdots & \vdots & \vdots & \vdots \\ 1 & x_{n1} & \cdots & x_{np} \end{bmatrix} \quad \beta = \begin{bmatrix} \beta_1 \\ \beta_2 \\ \vdots \\ \beta_n \end{bmatrix}$$

$$\varepsilon = \begin{bmatrix} \varepsilon_1 \\ \varepsilon_2 \\ \vdots \\ \varepsilon_n \end{bmatrix}$$

则式(4.5)可以写为 $y = X\beta + \varepsilon$。

利用最小二乘法对未知参数进行估计 $\beta_0, \beta_1, \cdots, \beta_p$,则 β 的估计值 $\hat{\beta} = (X'X)^{-1}X'y$。

4.4.1.2 多重共线性及其诊断

多元回归分析模型的一个基本假设就是 X 的秩 $rank(X) = p + 1$,即要求 X 中的列向量线性无关。当存在不全为 0 的 $p + 1$ 个数 $c_0, c_1, \cdots, c_p$,使得 $c_0 + c_1 x_{i1} + c_2 x_{i2} \cdots + c_p x_{ip} = 0$,$i = 1, 2, \cdots, p$ 称 $x_1, x_2, \cdots, x_p$ 存在完全多重共线性。当存在不全为 0 的 $p + 1$ 个数 $c_0, c_1, \cdots, c_p$,使得 $c_0 + c_1 x_{i1} + c_2 x_{i2} \cdots + c_p x_{ip} \approx 0$,$i = 1, 2, \cdots, p$,称 $x_1, x_2, \cdots, x_p$ 存在多重共线性。

经济变量之间完全多重共线性的现象并不存在。但是,由于许多经济变量都有密切的相关性,而且有随着经济规模的扩大而近似同步增长的趋势,因此往往存在近似多重共线性。当存在多重共线性时,会使 $\beta_0, \beta_1, \cdots, \beta_p$ 的估计值的方差很大,影响自变量对因变量的解释,甚至出现估计值的经济意义无法

解释。

本书采用方差膨胀因子 VIF 来检验多重共线性的严重程度。

设 R_j^2 为 x_j 对其余 $p-1$ 个变量的复决定系数，$VIF_j = \dfrac{1}{1-R_j^2}$ 为 x_j 对应的方差膨胀因子。由 R_j^2 的意义可知，VIF_j 越大，变量的多重共线性就越严重。当 $VIF_j \geq 10$ 时，就认为存在严重多重共线性。

4.4.1.3 岭回归分析方法

当自变量间存在严重多重共线性时，可以采取逐步回归等方法选择一些自变量进入回归模型，删除其他自变量，减弱解释变量之间的相关程度。但是当所有变量都必须存在于回归方程时，使用岭回归（Ridge Regression）就是很好的选择。

岭回归估计法是霍尔（Hoerl）于 1962 年提出一种改进最小二乘法，叫岭估计（Ridge Estimate），后来霍尔与肯纳德（Kennard）给予了详细的讨论。

当自变量之间存在严重多重共线性时，$|X'X| \approx 0$。为减小 X 的奇异程度，给 $X'X$ 加上一个常数矩阵 kI（$k>0$），I 为同阶单位矩阵，则 $X'X+kI$ 的奇异程度会比 $X'X$ 减小许多。定义 $\beta(k) = (X'X+kI)^{-1}X'y$ 为参数 $\beta_0, \beta_1, \cdots, \beta_p$ 的岭估计，其中 k 为可变参数，称为岭参数。以 k 为横坐标，相应 $\beta_i(k)$ 为纵坐标可以画出参数 β_i 的岭迹。将所有参数 $\beta_0, \beta_1, \cdots, \beta_p$ 的岭迹标注在同一坐标中，则形成岭迹图。

岭参数 k 的选取原则：

（1）各回归系数的岭估计基本稳定。
（2）用最小二乘时不合理的回归系数符号变得合理。
（3）回归系数不违反经济意义。
（4）残差平方与增加不多。

4.4.2 区域创新能力对其决定因素的回归分析

由于构成区域创新能力综合影响因子的各个创新能力决定因素的指标的权重都大于 0，因此区域创新系统各种人力与财力投入的各地区间不平衡发展是造成区域创新能力不平衡现状的关键。通过研究区域创新能力各个决定因素对区域创新能力的影响大小，可以分析造成我国区域创新能力不平衡现状的更深层次原因。

把专利申请量作为独立变量，用 y 表示。创新能力 11 个决定因素 $x_1, x_2, \cdots, x_{11}$ 作为解释变量。从 1993 年起，我国实行新的专利法，增加了专利权的授予范围，因此在模型中引入了一个虚拟变量 d，时间在 1993 年之前，$d = 0$；时间在 1993 年及以后，$d = 1$。创新从投入到产出需经过一定的时间延迟，一般假设该延迟时间为两年。由于本书使用的是发明专利的申请量，延迟时间比弗尔曼等在其用发明专利授权量研究国家创新能力中选取的 3 年延迟时间少 1 年，选用延迟时间为 2 年。为了便于比较回归系数，将资金投入数据除以 1 000，这样各省市的投入资金的单位为 1 000 000（百万元）。人员数量全部除以 100，人员单位为 100（百人）。以各地区 2000—2008 年创新能力 11 个决定因素的统计数据与 2002—2010 年各地区专利申请量作为 $(x_1, x_2, \cdots, x_{11}, y)$ 的样本（由于延迟时间为两年，各地区专利历年申请量数据，对应前两年创新能力决定因素数据），由于知识投入与产出之间符合 Cobb-Douglas 生产函数形式[①]，因此建立如下双对数多元线性回归分析模型。

$$\ln(y) = \beta 0 + \sum_{j=1}^{11} \beta j \ln(x_j) + \beta 12 d + \varepsilon \qquad (4.6)$$

---

① Griliches, Z. Issues in assessing the contribution of R & D to productivity growth [J]. Bell Journal of Economics, 1979, 10, P92-116.

海南与西藏在许多年中，一些创新能力决定因素指标为0，无法进行对数运算，在回归过程中不考虑这两各地区的数据，因此我们的回归模型中使用29个省、市、自治区8年的数据共224个样本。

用最小二乘法估计回归参数时各自变量的方差膨胀因子见表4-3，结果显示出存在严重多重共线性，各变量的系数无法用来解释独立变量与解释变量之间的关系。由于使用对数回归并且D.W检验值为1.976（接近2），因此不存在异方差与自相关问题。为了消除多重共线性对模型的影响，使用岭回归方法估计回归参数。

根据岭回归的结果，以岭参数作为横坐标，各个回归系数值作为纵坐标，将不同岭参数下的同一回归系数估计值相连接，绘制岭迹图，如图4-4所示。

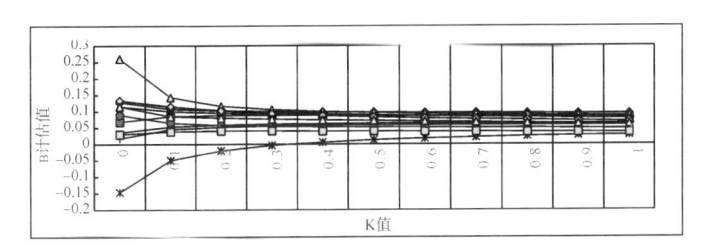

图4-4 岭回归分析岭迹图

岭迹图表明，从 $k=0.1$ 后，岭迹趋于平稳。当岭参数 $k=0.2$ 时，岭迹平稳，且各自变量方差膨胀因子（VIF）都小于2，故选择岭参数 $k=0.2$。岭参数 $k=0.2$ 时，岭回归估计的参数结果如表4-3所示。

表 4-3　　　　创新能力决定因素与发明专利
　　　　　　　申请量的回归系数（k=0.2）

创新能力决定因素				岭回归结果
独立变量		y		$R^2=0.8002$
常量		B_0		2.175 27
解释变量		回归系数变量	最小二乘估计VIF	岭估计VIF（k=0.2）	岭估计的回归系数的值
各机构的人力资源	研究机构科学家与工程师	B_1	32.43	0.54	0.102 1
	企业科学家与工程师	B_2	11.54	0.87	0.088
	高校科学家与工程师	B_3	10.46	0.94	0.116 3
研究机构资金来源	政府	B_4	15.29	0.85	0.095 4
	企业	B_5	8.76	0.94	-0.019 9
	银行	B_6	4.01	1.08	0.058 25
企业创新资金来源	政府	B_7	4.56	1.00	0.052 57
	银行	B_8	6.59	0.94	0.059 4
	企业	B_9	11.58	0.85	0.103 6
高校创新资金来源	政府	B_{10}	8.69	0.95	0.101 92
	企业	B_{11}	6.37	1.00	0.040 51
虚拟变量		B_{12}	1.23	0.704	0.079 66

注：回归样本数据来源：国家统计局，科学技术部. 中国科技统计年鉴（2001—2010）［M］. 北京：中国统计出版社，2010.

从表 4-3 可以看出，在人力资源投入方面，高校的人力投入对创新能力的影响最为显著,其次是研究院所的人力投入,企业的人力投入对创新能力的提高效果最差。这表明企业的创新主体功能还未树立,创新重要的人力资源不是存在于企业,而是存在于研究院所与高校。政府对研究院所与高校的R&D投资回报大大高于对企业的R&D投资回报,政府对企业研究开发的直接投入的效果不理想。从2001—2010年,全国各级政府对企业科技投入为159.4亿元,占企业科技总投入2 154.96亿元的百分比为7.39%,虽远低于发达国家政府对企业R&D投资占企业R&D总投入13%的最优水平,但是根据2001—2009年各地政府对企业科技投入占企业科技投入的百分比与各地区2002—2010年专利申请量两变量(共240个样本)的相关分析发现(从科技投入到专利申请的延迟时间选为两年),我国企业中政府投入占企业科技投入的百分比与各地区发明专利申请量成不显著的负相关关系(相关系数为-0.045,$p=0.5$),表明政府对企业R&D投资的力度与区域创新能力呈现出不显著的负相关关系,增加政府对企业R&D的直接投入不会促进区域创新能力的提高。企业自筹R&D资金的效率最高,说明培育企业间的良性竞争环境,促进企业加大对R&D的投入对提高区域的创新能力具有重要的作用。企业与高校的合作研究的效果虽然不高,但远远高于企业与研究机构的合作效果。我国区域创新系统中企业与大学,特别是企业与研究机构的合作效果较差,研究院所与大学的知识对企业技术创新作用效果远低于企业自行研究开发的效果。银行对企业与研究开发机构的R&D贷款的使用状况不理想,这与我国银行R&D贷款往往是政策性贷款有关,银行R&D贷款不是真正意义上的风险投资基金。

4.4.3 结论与政策建议

因此,政府应当减少对企业的R&D的直接投入,将直接投入的支出转化为税收优惠政策，以此减少对企业的研究开发干预，利用经济杠杆调动企业从事 R&D 的积极性。培育良好有序的市场经济环境，促进企业间的良性竞争，以竞争推进企业进行 R&D 的力度。通过市场压力，调动企业中科学家与工程师的研究开发积极性，使其发挥比研究院所与高校人员更接近市场的优势，在提高区域创新能力中发挥应有的作用。在重视对研究院所与研究开发投入的同时，培育良好的区域创新环境，促进企业与高校、研究院所合作研究开发，加快基础研究机构的知识向企业转移的效率与速度，促进科技成果向企业转移。将银行贷款转化为真正意义上的风险投资基金，使银行与研究开发机构、企业共同承担风险，使银行在研究开发贷款上采取更加审慎的态度，选择真正有利于地区经济发展与社会进步的研究开发项目进行投入，促进有限研究开发资金的使用效率。特别是落后地区，由于其市场化程度相对较低，加快市场经济建设是这些地区缩短与发达地区经济发展与创新能力不平衡的关键。建立市场经济，减少政府对企业的直接干预，培育良好的创新环境是各地政府，特别是落后地区政府今后制定区域经济与科技政策的关键。

4.5 我国区域创新系统的演化及其与区域创新能力的关系

在研究不同研究开发投入与区域创新能力关系之前，首先介绍因子分析的理论。

4.5.1 因子分析基本思想与方法

因子分析是研究将多个观测指标转化为少数几个不相关的

综合指标的多元统计分析方法。这些综合指标虽然往往不能直接观测得到,但是由于它们更能反映事物的本质,使分析与处理数据更加方便,成为多元统计中数据降维的一种方法。

因子分析与主成分分析的不同之处在于:主成分分析是寻找、反映多个指标的独立综合指标;因子分析是寻找、解释多个指标的公因子,若初始因子很难解释,可对初始因子进行旋转,用旋转后的因子得到合理的解释,因子分析常用于寻找与解释多个指标后面的支配因素。

4.5.1.1 因子分析模型

设 $x_1, x_2, \cdots, x_p$ 是刻画总体中个体的 p 个指标,我们将要找的综合指标称为公因子,设有 m 个,分别用 $f_1, f_2, \cdots, f_m$ 表示,$m \leq p$。通常假定 $x_1, x_2, \cdots, x_p$ 是由这 m 个公因子加上各自的特殊因子构成,x_i 可以表示为

$$x_i = a_i1f_1 + a_i2f_2 + \cdots + a_imf_m + \varepsilon_i, i = 1, 2, \cdots, p \quad (4.7)$$

用矩阵表示: $X = AF + \varepsilon$ \quad (4.8)

这里 $X = (x_1, x_2, \cdots, x_p)'$ 是标准化 $p \times 1$ 的随即向量,并假定 X 已经标准化,即 $E(X) = 0, Cov(X) = Ip$,它们是可以直接观测的。公因子向量 F 是 $m \times 1$ 的不可观测的随即向量,并假定 $E(F) = 0, Cov(F) = I_m, m < p$。特殊因子向量 ε 为 $p \times 1$ 随即向量,其值也不可观测,且假定 $E(\varepsilon) = 0, Cov(\varepsilon) = \psi = diag(\psi_1^2, \psi_2^2, \cdots, \psi_p^2)$,这里 $diag(\psi_1^2, \psi_2^2, \cdots, \psi_p^2)$ 表示以 $\psi_1^2, \psi_2^2, \cdots, \psi_p^2$ 为对角元素的对角阵。此外,还假定 $Cov(F, \varepsilon) = 0$。

对式(4.8)连同以上有关 X,F,ε 的假定构成了因子分析模型。称 $Ap \times m$ 为因子负荷矩阵。

当模型确定后,主要研究的是 m 与 A 的估计,一旦它们被估计出来,就可以确定影响指标 $x_1, x_2, \cdots, x_p$ 的公因子。

4.5.1.2 因子负荷矩阵的估计

将 x_1，x_2，…，x_p 标准化，其协方差矩阵即为其相关系数矩阵 R。根据因子分析的模型有：

$$R = Cov(X) = AA' + \psi \quad (4.9)$$

根据 R 估计 A 方法有很多，本书使用主成分分析方法，该方法的思想如下：

设对 X 作了 n 次观测，求出样本相关系数矩阵 $\hat{R}$，它当然是 R 的一个估计，从 $\hat{R}$ 出发估计 A。

记 $\hat{R}$ 的 p 个特征根为 $\lambda_1 \geq \lambda_2 \geq \cdots \geq \lambda_p$，对应的单位化特征向量为 γ_1，γ_2，…，γ_p，从而 $\hat{R}$ 可以分解为：$\hat{R} = \lambda_1 \gamma_1 \gamma_1' + \lambda_2 \gamma_2 \gamma_2' + \cdots + \lambda_p \gamma_p \gamma_p'$，令 $\tilde{A} = (\sqrt{\lambda_1} \gamma_1, \sqrt{\lambda_2} \gamma_2, \cdots, \sqrt{\lambda_p} \gamma_p)$，则 $\hat{R} = \tilde{A}\tilde{A}'$。从 $\tilde{A}$ 中取前 m 列，$m < p$，构成 $\hat{A}$ 作为 $\tilde{A}$ 的近似，$\hat{A} = (\sqrt{\lambda_1} \gamma_1, \sqrt{\lambda_2} \gamma_2, \cdots, \sqrt{\lambda_m} \gamma_m)$。

m 取值究竟多大，即公因子数量应当为多少呢？与主成分分析那样，保留公因子的累计贡献率 $\sum_{j=1}^{m} \lambda j / \sum_{j=1}^{p} \lambda j$ 达到所要求的比例即可。

4.5.1.3 因子旋转

根据因子分析提取过程得到若干公因子之后，因子的含义往往并不清楚。有时候，各变量在一个因子上的负荷差不多。为了使公因子的含义更加明显，需要对因子负荷矩阵 $\hat{A}$ 进行旋转变换。根据旋转变换使因子负荷矩阵每一列的元素能够"两极分化"，使某些元素的绝对值尽可能大接近1，另外一些元素的绝对值尽可能小接近0，这样就容易对因子做出解释。经过旋转变换后的负荷矩阵 A^* 虽然内部各因子的相互比重发生了变化，但同样可以复制出相关矩阵。

同因子提取一样，因子旋转也有多种方法，本书使用方差极大正交旋转。极大方差旋转是力图使每个因子上的负荷形式最为简单，使每一个因子上的所有负荷的绝对值方差达到最大，让第一因子明显地代表一部分变量，第二因子明显地代表另一部分变量等。

为了给出旋转公式，先要定矩阵 A 各列的方差。在 $p \times m$ 阶矩阵 $A = (a_{ij})$ 中，记 $h_i^2 = \sum_{j=1}^{m} a_{ij}^2$，$d_{ij} = a_{ij}/h_i$，$\bar{d}_j = \frac{1}{p}\sum_{i=1}^{p} d_{ij}^2$，则 A 的第 j 列的方差 v_j 定义为：$v_j = \sum_{i=1}^{p}(d_{ij}^2 - \bar{d}_j)^2$，从而矩阵 A 的各列方差与为 $\varphi = \sum_{j=1}^{m} v_j$。这里将 a_{ij} 除以 h_i 是为了避免各 X_i 的共性方差不等所带来的影响，取 d_{ij}^2 是为了避免 A 中元素符号的差异。正交旋转就是要找到一个正交矩阵 Γ，使 $A^* = A\Gamma$ 各列方差与 φ 达到最大。

当 $m = 2$ 时，可精确地求出矩阵 Γ，显然，这时的矩阵 Γ 可以表示为 $\Gamma = \begin{pmatrix} \cos\theta & \sin\theta \\ -\sin\theta & \cos\theta \end{pmatrix}$，只要求出 θ，就可以求出矩阵 Γ。$m > 2$ 时，一般只能迭代法求得矩阵 Γ。这时，将 $m = 2$ 的方法用于 $m(m-1)/2$ 对因子的旋转，每迭代一次，φ 只会增大不会减小，即 φ 为单调递减。由于负荷矩阵的元素绝对值都小于等于1，所以 φ 有界，因此迭代算法是收敛的。在实际计算过程中，φ 值变化不大时，即可停止迭代。

4.5.1.4 因子分数

因子分数是指总体样本中每个个体在各个因素上的得分，这一分数反映了每个个体在各个因素上的实际水平。

本书使用最小二乘的方法求因子分数。设负荷矩阵 A 的估计为 $\hat{A}$，则可记 $X = \hat{A}F + \varepsilon$，将 X 看成个体指标向量，$\hat{A}$ 看成是结构矩阵，ε 看成是随即误差，则因子分数

$$\hat{F} = (\hat{A}'\hat{A})^{-1}\hat{A}'X = \begin{pmatrix} \lambda_1 & 0 & \cdots & 0 \\ 0 & \lambda_2 & \cdots & 0 \\ & & \ddots & \\ 0 & 0 & \cdots & \lambda_m \end{pmatrix}^{-1}$$

$$(\sqrt{\lambda_1}\gamma_1, \sqrt{\lambda_2}\gamma_2, \cdots, \sqrt{\lambda_m}\gamma_m)'X =$$

$$\begin{pmatrix} 1/\lambda_1 & & & \\ & 1/\lambda_2 & & \\ & & \ddots & \\ & & & 1/\lambda_m \end{pmatrix} \begin{pmatrix} \sqrt{\lambda_1}\gamma_1' \\ \sqrt{\lambda_2}\gamma_2' \\ \vdots \\ \sqrt{\lambda_m}\gamma_m' \end{pmatrix} X = \begin{pmatrix} \gamma_1'/\sqrt{\lambda_1} \\ \gamma_2'/\sqrt{\lambda_2} \\ \vdots \\ \gamma_m'/\sqrt{\lambda_m} \end{pmatrix} X \quad (4.10)$$

称 $Z = \begin{pmatrix} \gamma_1'/\sqrt{\lambda_1} \\ \gamma_2'/\sqrt{\lambda_2} \\ \vdots \\ \gamma_m'/\sqrt{\lambda_m} \end{pmatrix}$ 为因子分数矩阵。将因子分数矩阵 Z 代

入上式，则：

$$\hat{F} = ZX \quad\quad\quad\quad\quad\quad\quad\quad\quad\quad (4.11)$$

只要将每个个体标准化的 x_1，x_2，$\cdots$，x_p 代入（4.11）式，便可以获得每一个体 m 个因子的分数。标准化的方法为，设 x_{ij} 为第 j 个样本的第 i 个指标值，令 u_i 为该指标的样本均值，S_i 为该指标的样本标准差，则 x_{ij} 标准化后的指标 $z_{ij} = \dfrac{x_{ij} - u_i}{S_i}$ 的均值为 0，方差为 1。

4.5.2 创新系统的演化

在进行因子提取前，对创新能力决定因素各指标（2001—2010 年）的所有财力投入数据除以 1 000，这样各地区的投入资金的单位为 1 000 000（百万元）。人员数量全部除以 100，人员

单位为100（百人）。以上述数据作为创新能力决定因素 x_1，x_2，…，x_{11} 的样本（样本量为270个），计算区域创新能力决定因素 x_1，x_2，…，x_{11} 的样本相关矩阵，得到相关矩阵，均值与方差如表4-4所示。

因子提取方法采用主成分法，因子旋转方法采用最大方差旋转方法。

相关系数矩阵前两个特征值分别为6.656与1.828，11个特征值之和为11。因此，前两个因子的累计贡献率 $\sum_{j=1}^{2}\lambda_j / \sum_{j=1}^{11}\lambda_j$ 为76.295%，表明这两个因子能够较好的概括区域创新能力的决定因素。

表4-4　创新能力决定因素的均值、方差与相关矩阵

变量	均值	方差	相关矩阵										
X_1	125.01	149.52	1.00	0.45	0.74	0.87	0.89	0.76	0.40	0.32	0.34	0.83	0.58
X_2	166.80	150.10	0.45	1.00	0.59	0.38	0.39	0.41	0.70	0.74	0.79	0.53	0.57
X_3	148.27	110.79	0.74	0.59	1.00	0.54	0.78	0.57	0.48	0.62	0.55	0.59	0.50
X_4	367.20	660.26	0.87	0.38	0.54	1.00	0.64	0.72	0.35	0.22	0.32	0.91	0.68
X_5	313.70	469.47	0.89	0.39	0.78	0.64	1.00	0.69	0.29	0.37	0.36	0.64	0.43
X_6	67.95	111.26	0.76	0.41	0.57	0.72	0.69	1.00	0.35	0.33	0.39	0.70	0.55
X_7	59.04	68.20	0.40	0.70	0.48	0.35	0.29	0.35	1.00	0.50	0.48	0.43	0.43
X_8	157.54	165.28	0.32	0.74	0.62	0.22	0.37	0.33	0.50	1.00	0.84	0.38	0.42
X_9	581.55	706.70	0.34	0.79	0.55	0.32	0.36	0.39	0.48	0.84	1.00	0.51	0.65
X_{10}	51.72	76.54	0.83	0.53	0.59	0.91	0.64	0.70	0.43	0.38	0.51	1.00	0.79
X_{11}	45.74	72.59	0.58	0.57	0.50	0.68	0.43	0.55	0.43	0.42	0.65	0.79	1.00

根据相关系数矩阵，分解出因子负荷矩阵 $\hat{A}$，并对其进行最大方差旋转，得到最终的因子负荷矩阵对应各个变量的系数如表4-5所示。

表 4-5　　　　　两因子对应各个变量的系数

区域创新能力决定因素		变量表示	因子1各变量系数	因子2各变量系数
各机构的人力资源	研究机构科学家与工程师	X_1	0.945	0.201
	企业科学家与工程师	X_2	0.269	0.880
	高校科学家与工程师	X_3	0.626	0.533
研究机构资金来源	政府	X_4	0.918	0.132
	企业	X_5	0.823	0.215
	银行	X_6	0.813	0.220
企业创新资金来源	政府	X_7	0.251	0.680
	银行	X_8	0.131	0.895
	企业	X_9	0.211	0.893
高校创新资金来源	政府	X_{10}	0.855	0.333
	企业	X_{11}	0.605	0.497

如表 4-5 所示，因子 1 中企业投入的变量系数较小，对研究院所与高校的投入的变量系数较大，因子 2 中企业投入的变量系数较大，对研究院所与高校投入的变量系数较小。因此，因子 1 可以解释为基础创新资源因子，因子 2 可以解释为企业创新资源因子。

利用式（4.10）可以求出因子分数矩阵

$$Z = \begin{pmatrix} 0.945 & 0.269 & 0.626 & 0.918 & 0.823 & 0.813 & 0.251 & 0.131 & 0.211 & 0.855 & 0.605 \\ 0.201 & 0.880 & 0.533 & 0.132 & 0.215 & 0.220 & 0.680 & 0.895 & 0.893 & 0.333 & 0.497 \end{pmatrix}$$

利用式（4.11）$\hat{F} = ZX$，将 11 个变量 270 个样本的每个个体标准化的 x_1, x_2, …, x_p 代入该式，便可获得每一个体因子 1 与因子 2 的分数。这样就得到我国 31 个省市自治区从 2001—2010 年基础创新资源因子与企业创新资源因子的因子分数。根据各地区 2001—2010 年历年两个因子分数的相互关系与演化情况，可将我国 31 个省市自治区分为四种演化类型。

第一类地区包括北京、天津、陕西、吉林、云南、甘肃、广西、贵州、宁夏、西藏、重庆、海南、内蒙古、青海与新疆。这些地区历年的基础因子分数高于企业因子分数。以北京为例绘制其两因子的相互关系及演化情况，如图 4-5 所示。

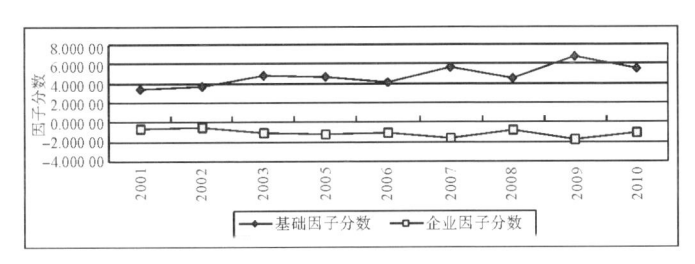

图 4-5　第一类地区两因子相互关系及演化过程

我国大部分创新能力低的地区属于基础因子分数高于企业因子分数类型，只有北京属于高创新能力地区，天津、陕西与吉林属于中等创新能力地区。

第二类地区包括山东、四川、广东、辽宁、江苏、河北、河南与湖北。这些地区的基础因子分数低于企业因子分数。以山东为例绘制其两因子的相互关系及演化情况，如图 4-6 所示。

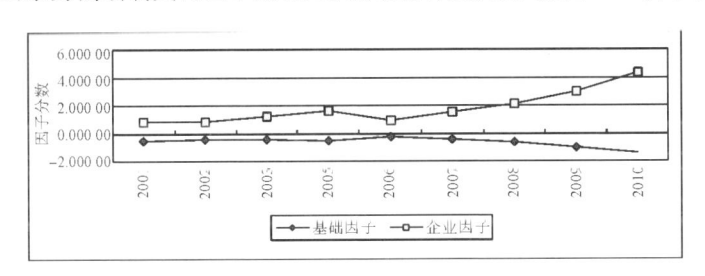

图 4-6　第二类地区两因子相互关系及演化过程

我国绝大部分创新能力高的地区属于企业因子分数高于基础因子分数类型，并且没有技术创新能力低的地区属于企业因子分数高于基础因子分数类型。

从图4-5与图4-6及第一类地区与第二类地区所包括的省市可看出，企业创新资源相对于基础创新资源更能促进区域创新能力的提高，提高企业创新资源能够有利推进区域创新能力的提高。

第三类地区包括上海、黑龙江、浙江、安徽、福建与山西。这些地区的企业创新资源分数逐步成长，超过了基础创新资源分数。以上海为例绘制其两因子的相互关系及演化情况，如图4-7所示。

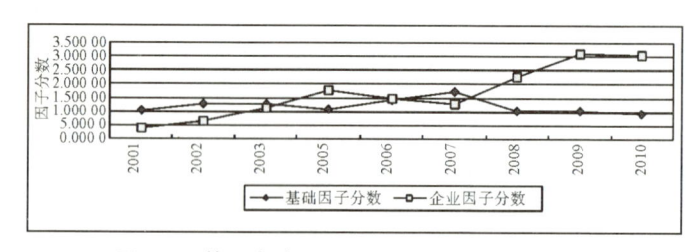

图4-7 第三类地区两因子相互关系及演化过程

企业因子分数逐步成长超过基础因子分数的地区包括了各类创新能力的地区，表明这些地区认识到企业创新资源对区域创新能力的重要作用，逐步加大，企业创新资源的投入。

第四类地区只有湖南与江西。这两个地区基础因子分数与企业因子分数基本相同。以湖南为例绘制其两因子的相互关系及演化情况，如图4-8所示。

这两个省都不属于创新能力高的地区，说明对企业创新资源与基础创新资源的同步投入不是提高区域创新能力较好政策。

北京是唯一创新能力高，并且基础创新资源分数高于企业创新资源分数类型的地区，表明北京是依靠强有力的基础创新

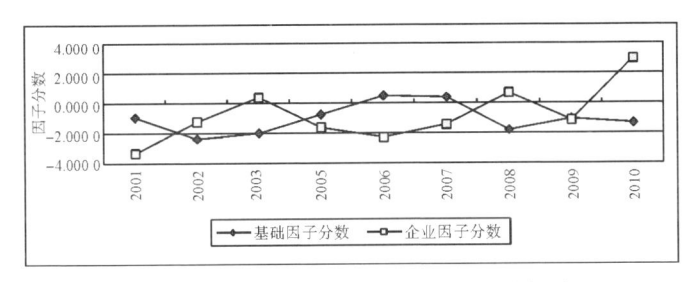

图 4-8 第四类地区两因子相互关系及演化过程

资源来推动区域创新能力。北京的基础创新资源远远高于我国的其他地区，其他地区采用提高基础创新资源的方式来提高区域创新能力的政策是不可取的。以 2010 年的数据为例，以各地区基础因子分数为横坐标，企业因子分数为纵坐标，作散点图，如图 4-9 与图 4-10 所示。从图 4-9 与图 4-10 看出，北京的基础因子分数远远高于其他地区，创新能力低的地区依靠提高基础创新资源来提高其创新能力，要比依靠提高企业创新资源来提区域高创新能力具有更大的困难。

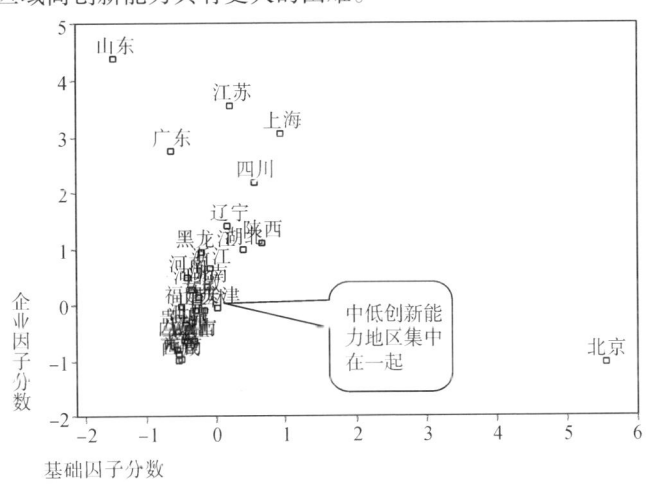

图 4-9 2010 年创新资源因子分数分布散点图

4 区域创新能力不平衡性及其投入因素分析 91

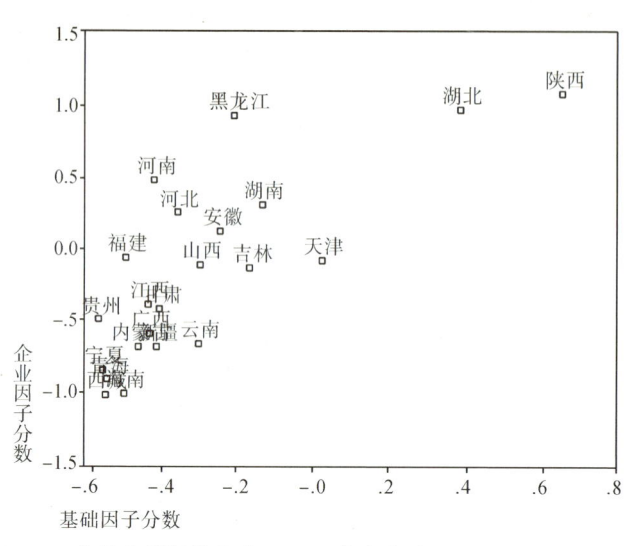

图 4-10　去掉高创新能力地区 2010 年创新资源因子分数分布散点图

4.5.3　结论与政策建议

各地区政府在制定区域创新政策时，应当注重加快市场经济的建设力度，促进企业的良性竞争，通过市场压力，促进企业的创新投入，使企业成为区域创新体系创新主体。特别是落后地区，由于其市场化程度相对较低，加快市场经济建设，是这些地区缩短与发达地区经济发展与创新能力的关键。建立市场经济、培育良好的创新环境是各地政府，特别是落后地区政府今后制定区域经济与科技政策的关键，政府研究开发政策的重点应当促进创新资源逐步由创新基础环境向企业转移。

5 区域创新系统创新绩效测度

区域创新系统是国家创新系统的重要组成部分，是我国经济和科技发展的重要基础。根据中国科技发展报告的分析，创新人力和财力投入不足是我国创新系统创新能力低下的主要原因。本章在相对有效性评价的理论基础上，对国内各个区域创新进行比较和分析。

5.1 DEA 理论与方法简介[①]

数据包络分析方法即 DEA（Data Envelopment Analysis）是著名运筹学家查恩斯和库伯等在"相对效率评价"概念基础上发展起来的，是评价同类型决策单元相对有效性的一种系统分析方法。自从第一个 DEA 模型——C^2R 模型建立以来，随着 DEA 理论研究的不断深入，应用范围不断扩展，DEA 已经成为管理科学与系统工程领域一种重要而有效的分析工具，并在多个领域得到广泛的应用。本章将使用 DEA 模型来评价我国各个区域创新系统的创新绩效，分析各个地区影响创新绩效的主要

[①] 有关本章 DEA 的详细论述和定理证明请参阅：盛昭瀚，等. DEA 理论、方法与应用 [M]. 北京：科学出版社, 1996. 魏权龄. 评价相对有效性的 DEA 方法——运筹学的新领域 [M]. 北京：中国人民大学出版社, 1988.

原因。

5.1.1 有关 DEA 的基本概念

决策单元 DMU（Decision Making Units）是将一定投入转化为一定产出的实体。同类型的 DMU 指具有下述三个特征的 DMU 集合。

（1）它们具有相同的目标和任务。
（2）它们具有相同的外部环境。
（3）它们具有相同的输入和输出指标。

DEA 有效是指当一个决策单元有效时，当且仅当在不将其他决策单元的投入减少和产出增加，无法减少该决策单元投入和增加产出。

生产函数为 $Y=f(x)$，表示生产处于最理想状态时，当投入量为 x，所能获得的最大输出。

技术有效性是指生产函数上的点（x 表示输入，y 表示输出）所对应的决策单元，这时当产出为 y 时，相应的投入 x 不能减少，从生产函数的角度来看，是处于"技术有效"的状态。

规模收益主要是用来评价在一个生产过程中，投入增量相对百分比与对应产出增量相对百分比那个大的问题。

由于生产函数 $Y=f(x)$ 的边际为 $Y'=f'(x)>0$，即生产函数为增函数。当 $x\in(0, x_1)$ 时，$f'(x)>0$，即 $Y=f(x)$ 为凸函数，由于这时边际函数 $Y'=f'(x)$ 为增函数，称为规模效益递增。当 $x\in(x_1, +\infty)$ 时，$f'(x)<0$，即 $Y=f(x)$ 为凹函数，由于这时边际函数 $Y'=f'(x)$ 为减函数，称为规模效益递减。生产函数上对应的点 $(x_1, f(x_1))$ 所对应的决策单元，从生产理论的角度看，除了是"技术有效"外，还是"规模有效"的。

5.1.2 DEA 的 C^2R 模型和 C^2GS^2 模型

设 n 个同类型决策单元的输入有 $m1$ 个，输出有 $m2$ 个。记

第 j 个决策单元的输入向量为 $x_j = (x_{j1}, x_{j2}, \cdots, x_{jm_1})$，输出向量为 $y_j = (y_{j_1}, y_{j_2}, \cdots, y_{j_{m_i}})$。其中第 j_0 个决策单元的输入向量为 x_{j_0}，输出向量为 y_{j_0}，则评价第 j_0 个决策单元相对有效性的具有非阿基米德无穷小 ε 的 C^2R 模型如式（5.1）。

$$\text{Min} \quad [\theta - \varepsilon(e^t s^- + e^t s^+)]$$
$$s.t \quad \sum_{j=0}^{n} \lambda_j x_j + s^- = \theta x_{j_0}$$
$$\sum_{j=0}^{n} \lambda_j y_j - s^+ = y_{j_0} \qquad (5.1)$$
$$\lambda_j \geq 0, j = 1, \cdots, n$$
$$s^- \geq 0, s^+ \geq 0$$

定理 5.1：设 ε 非阿基米德无穷小，上述 C^2R 的最优解为 $\lambda^*, s^{*-}, s^{*+}, \theta^*$，则：

（1）若 $\theta^* = 1$，则 DMU_{j_0} 为弱 DEA 有效。

（2）若 $\theta^* = 1$，且 $s^{*-} = 0, s^{*+} = 0$，则 DMU_{j_0} 为 DEA 有效。

C^2R 模型对决策单元的规模有效和技术有效同时进行评价，即 C^2R 模型中的 DEA 有效决策单元既是规模适当又是技术水平高的。

评价第 j_0 个决策单元相对有效性的具有非阿基米德无穷小 ε 的 C^2GS^2 模型如式（5.2）。

$$\text{Min} \quad [\delta - \varepsilon(e^t s^- + e^t s^+)]$$
$$s.t \quad \sum_{j=0}^{n} \lambda_j x_j + s^- = \delta x_{j_0}$$
$$\sum_{j=0}^{n} \lambda_j y_j - s^+ = y_{j_0} \qquad (5.2)$$
$$\sum_{j=0}^{n} \lambda_j = 1$$
$$\lambda_j \geq 0, j = 1, \cdots, n$$
$$s^- \geq 0, s^+ \geq 0$$

定理 5.2：设 ε 非阿基米德无穷小，上述 C^2GS^2 的最优解为 s^{*-}, s^{*+}, δ^*，则：

(1) 若 $\delta^* = 1$，则 DMU_{j_0} 为弱 DEA 有效。

(2) 若 $\delta^* = 1$，且 $s^{*-} = 0, s^{*+} = 0$，则 DMU_{j_0} 为 DEA 有效。

C^2GS^2 模型只对决策单元技术有效进行评价，即 C^2GS^2 模型中的 DEA 有效决策单元即是技术水平高的。

5.1.3 C^2R 模型的规模收益判别方法

班克（Banker）首次提出利用 DEA 方法判断决策单元的规模收益，但是张国平指出由于解的不唯一性，班克提出的判别方法可能会导致错误的结论。朱乔和盛昭翰证明了 C^2R 模型最优解的不唯一性是由有效 DMU 线性相关关系引起的，如果不存在线性相关关系，C^2R 模型的最优解是唯一的，结合 C^2GS^2 模型，他们给出了判断决策单元规模收益的方法，该方法具体如下：

设某决策单元 C^2R 的最优解为 λ^*, θ^*，相应 C^2GS^2 的最优解为 δ^*。

令 $S^* = \dfrac{\theta^*}{\delta^*}$，则：

(1) $S^* = 1$，当且仅当该 DMU 规模收益不变。

(2) 若 $S^* < 1$，则 $\sum_{j=1}^{n} \lambda_j < 1$，当且仅当该 DMU 规模收益递增。

(3) 若 $S^* < 1$，则 $\sum_{j=1}^{n} \lambda_j > 1$，当且仅当该 DMU 规模收益递减。

5.1.4 C^2R 模型输入影子价格和输入剩余的经济意义

由于 C^2R 模型本身就是一个线性规划模型，投入约束影子价格的经济意义就是增加单位投入引起目标函数值，即 DEA 有效性的增量。因此可以利用影子价格来判断各种投入对决策单元的稀缺程度。影子价格越大，表示增加该资源投入能够有效增加 DMU 的有效性；反之，应当减少该资源的投入。

C^2R 的最优解为 $\lambda^*,s^{*-},s^{*+},\theta^*$，令 $\hat{x}_0=\theta^*x_0-s^-$，$\hat{y}_0=y_0+s^+$，称 $(\hat{x}_0,\hat{y}_0)$ 为 DMU_{j_0} 对应的 (x_0,y_0) 在 DEA 相对有效面上的"投影"，可以证明 $(\hat{x}_0,\hat{y}_0)$ 相对原来 n 个 DMU 是有效的。

一般称 $\Delta x_0=x_0-\hat{x}_0$ 和 $\Delta y_0=\hat{y}_0-y_0$ 为输入剩余和输出亏空。显然若原来 (x_0,y_0) 非 DEA 有效，则通过对其"投影"，可以在不减少输出的前提下，使原来输入有所减少（$\Delta x_0 \geq 0$）；或在不增加输入的前提下，使输出增加（$\Delta y_0 \geq 0$）。当某种投入的输入剩余大于 0 时，表明被评价的决策单元这种投入存在浪费。

5.1.5　DEA 模型评价的指标选取原则

区域创新系统是一个复杂的系统，测度创新系统的输入和输出需要大量的指标。但是当评价指标较多且指标之间存在相关关系时，DEA 的评价结果会表现出一定的规律性而不能令人满意。当 DEA 模型指标间存在正线性关系时，去掉相关指标并不影响评价结果，这样减少数据处理的工作量，也降低了数据处理的维数。同时过多的输入输出指标会造成很多决策单元的有效性，失去了评价的意义。因此，根据研究目的，本书选取测度区域创新系统投入和产出是本着指标精简的原则进行的。

5.2 区域创新机构对创新绩效的影响[①]

区域创系统是将研究开发投入转化为技术创新产出的决策单元,这些技术创新产出对外表现为一个地区创新能力。科研与创新活动的投入包括 R&D 资金投入和 R&D 人力资源投入。按照区域创新投入的机构来划分,区域创新投入可以分为研究机构人力和财力投入、企业人力和财力投入、高等学校人力和财力投入。从研究区域创新机构对创新绩效影响的角度出发,区域创新系统可以看作为一个 6 输入、1 输出的决策单元,各种输入和输出的指标如表 5-1 所示。

表 5-1　区域创新系统输入和输出的测度指标

区域创新系统输入						区域创新系统产出
研究机构人力投入（人）	研究机构财力投入（千元）	企业人力投入指标（人）	企业财力投入（千元）	高等学校人力投入（人）	高等学校财力投入（千元）	区域创新能力（件）
研究机构科学家与工程师	研究机构研究开发经费	企业科学家与工程师	企业研究开发经费	高等学校科学家与工程师	高等学校研究开发经费	发明专利申请量

使用 C^2R 模型对区域创新系统的创新绩效进行测度,模型的最优值为该区域创新系统相对其他区域创新系统的相对有效性,投入的影子价格表示该投入对创新绩效的影响程度,投入的输入剩余表示该类投入的浪费程度。为了评价各个创新系统

[①] 由于海南与西藏的投入太小,使生产前沿面过高,对数据分析造成很大干扰;同时,由于这两个地区的投入与产出都较小,对全国整体影响极小,本章分析将不包括这两个地区。香港、澳门与台湾地区由于统计数据原因同样没有包括。这样本章对全国 29 个省、市、自治区进行分析。

的规模效益，应计算相应 C^2GS^2 模型最优值和 C^2R 模型的 $\sum_{j=0}^{n} \lambda j$ 值，2008 年区域创新投入与 2010 年创新产出原始数据如附表 2 所示。

5.2.1 数据处理方法

为了对各机构不同投入的影子价格和输入剩余进行比较，首先对各种投入进行无量纲处理：将各种投入类型数据按照百分制评分，令 x_i^t 表示第 i 个（$i = 1, 2, \cdots, 29$）地区第 t（$t = 2002, 2003, 2004, 2005, \cdots, 2010$）统计年中某指标的统计值，$y_i^t$ 表示第 i 个（$i = 1, 2, \cdots, 29$）地区 t（$t = 2002, 2003, 2004, 2005, \cdots, 2010$）统计年中该指标分数，具体算法如下。

$$y_i^t = \frac{100 \times x_i^t}{\max_i(x_i^t)} \quad (i = 1, 2, \cdots, 29) \quad (t = 2002, 2003, 2004, 2005, \cdots, 2010)$$

创新从投入到产出需经过一定的时间延迟，一般假设该延迟时间为两年。这样，2008 年的计算结果是以 2008 年的创新投入为输入，以 2010 年创新产出为输出，其他年份依此类推。

我国各区域创新系统的 C^2R 模型的最优值，C^2GS^2 模型最优值，C^2R 各个投入的影子价格和输入剩余，C^2R 模型 $\sum_{j=0}^{n} \lambda j$ 的 2008 年计算结果如附表 3 所示。

利用 k-means 方法，可按照各地区 1998 年创新绩效即 C^2R 模型最优值，将我国各地区分为高创新绩效、中等创新绩效和低创新绩效地区，结果如表 5-2 所示。

表 5-2　　　　　　　各地区创新绩效分类

地区	类别	类中心	距离	地区	类别	类中心	距离	地区	类别	类中心	距离
北京	1	0.97	0.026 7	云南	1	0.97	0.095 6	新疆	2	0.68	0.016 1

表5-2(续)

地区	类别	类中心	距离	地区	类别	类中心	距离	地区	类别	类中心	距离
上海	1	0.97	0.026 7	宁夏	1	0.97	0.026 7	江苏	3	0.43	0.008 6
山东	1	0.97	0.001 2	辽宁	2	0.68	0.009 4	四川	3	0.43	0.028 1
广东	1	0.97	0.026 7	吉林	2	0.68	0.132 0	天津	3	0.43	0.053 9
河北	1	0.97	0.051 9	河南	2	0.68	0.058 6	湖北	3	0.43	0.039 1
黑龙江	1	0.97	0.026 7	山西	2	0.68	0.124 0	陕西	3	0.43	0.128 0
浙江	1	0.97	0.067 2	江西	2	0.68	0.016 6	安徽	3	0.43	0.018 5
湖南	1	0.97	0.026 7	广西	2	0.68	0.009 0	甘肃	3	0.43	0.053 7
内蒙古	1	0.97	0.026 7	贵州	2	0.68	0.098 3	重庆	3	0.43	0.005 6
福建	1	0.97	0.026 7	青海	2	0.68	0.098 7				

按照5.1.3节C^2R模型的规模收益判别方法，根据附表3数据，对我国各地区创新系统2008年规模收益状况进行判断，结果如表5-3所示。

表5-3 各类创新能力地区创新绩效和规模收益状况

高创新能力地区			中创新能力地区			低创新能力地区		
地区	创新绩效	规模收益	地区	创新绩效	规模收益	地区	创新绩效	规模收益
北京	高	不变	天津	低	不变	山西	低	递减
辽宁	中	不变	河北	高	递减	内蒙古	高	不变
上海	高	不变	吉林	中	不变	安徽	低	递增
江苏	低	递减	黑龙江	高	不变	福建	高	不变
山东	高	递减	浙江	高	不变	江西	中	递减
广东	高	不变	河南	中	递减	广西	中	递减
四川	低	递减	湖北	低	不变	贵州	中	递减

表5-3(续)

高创新能力地区	中创新能力地区			低创新能力地区		
	湖南	高	不变	云南	高	递增
	陕西	低	递增	甘肃	低	递减
				青海	中	递增
				宁夏	高	不变
				新疆	中	递减
				重庆	低	递减

根据表5-3与附表3，可对我国各地区的创新绩效及其影响因素进行分析。

5.2.2　高创新能力地区创新绩效分析

北京、上海和广东的技术创新绩效高，创新投入的规模收益不变，而且创新绩效都为1，说明这三个地区是规模和技术有效的创新系统。

北京企业人力和财力投入的影子价格高于研究机构与高校人力和财力投入的影子价格，表明企业人力和财力投入对北京的创新绩效影响较大。因此，企业是影响北京创新绩效的重要因素。

上海研究机构人力和财力投入，以及高校人力投入影子价格较高，表明研究机构人力和财力以及高校人力投入对上海的创新绩效影响较大，它们是影响上海创新绩效的重要因素。

广东研究机构人力投入影子价格高于企业和高校人力投入的影子价格，高校财力投入影子价格高于研究机构和企业财力投入的影子价格，表明研究机构人力和高校财力投入对广东的创新绩效影响较大。

5　区域创新系统创新绩效测度

山东创新绩效虽然达到 0.97，但是该地区创新系统不是规模和技术有效的，规模收益呈现递减的趋势，说明山东增加创新投入对创新产出的影响不大，有效利用现有资源是提高创新绩效的关键。从输入剩余来看，企业的人力和财力投入的输入剩余远远高于高校和研究机构输入剩余，说明企业创新投入浪费严重，企业是制约山东技术创新绩效的重要因素，提高企业创新投入的利用效率，是山东今后面临的重要任务。

辽宁创新绩效为 0.69，属于中等水平，创新投入的规模收益不变。辽宁应当注重投入的使用效率。从输入剩余来看，企业的人力和财力投入以及高校的人力投入浪费严重，提高这些投入的剩余效率，是辽宁创新工作的重点。

江苏和四川两省的创新绩效低，而且规模投入呈现递减的趋势，有效利用创新投入是这两省创新工作的重点。从输入剩余来看，这两省各种投入都存在严重的浪费现象，有效利用各种创新资源是这两省今后必须面对的问题。

5.2.3　中创新能力地区创新绩效分析

河北创新绩效为 0.92，属于高创新绩效地区。该地区创新系统虽然规模和技术都是无效，而且该地区投入规模效益是递减的。增加创新投入对该地区创新能力提高效果较差，提高创新投入的使用效率能有效提高该地区的创新绩效。从输入剩余来看，企业人力投入的剩余相对其他投入剩余较大，提高企业人力投入的使用效率是该地区工作重点。

黑龙江和湖南创新绩效都为 1，投入规模收益不变，这两个地区属于规模和技术都有效的地区。从影子价格发现，黑龙江的研究机构的财力投入，湖南研究机构和企业财力投入是影响各自创新绩效的关键。

浙江创新绩效为 0.91，属于高创新绩效地区，规模收益不变。提高资源的使用效率能够有效提高该地区创新绩效。从各种投入的输入剩余来看，高校财力投入使用效率相对其他投入的使用效率较差，应当重点加以解决。

吉林的创新绩效为 0.81，属于中等创新绩效地区，规模收益不变。从输入剩余来看，高校人力投入相对其他投入来讲，使用效率低。因此，提高投入使用效率，特别是高校人力投入的使用效率，是吉林创新工作应当注意的问题。

河南创新绩效为 0.62，属于中等创新绩效地区，规模收益递减。增加投入不能有效增加创新产出，提高投入的使用效率是提高创新绩效的关键因素。从输入剩余发现，企业和高校人力投入存在着较大的浪费，应当重点提高这两种投入的使用效率。

天津和湖北属于创新绩效低，规模收益不变地区。从输入剩余来看，高校的人力、财力和企业的人力投入是影响天津创新绩效的关键；湖北各种投入特别是高校的人力投入的剩余效率很低，这是造成湖北创新绩效低的主要问题。

陕西的创新绩效低，但是规模效益呈现递增趋势。增加创新投入和提高投入的使用效率能够有效增加陕西的创新绩效。从输入剩余来看，陕西的人力投入剩余高于财力投入的剩余，提高各种人力投入的使用效率是陕西提高创新绩效的主要途径。

5.2.4　低创新能力地区创新绩效分析

内蒙古、福建和宁夏的创新绩效为 1，属于规模和技术有效的技术创新系统。内蒙古财力投入的影子价格普遍高于人力投入的影子价格，说明内蒙古财力投入对技术创新绩效影响较大，其中企业财力投入是影响内蒙古技术创新绩效的关键。福建研究机构财力投入的影子价格远远高于其他投入的影子价格，说明研究机构投入是影响福建创新绩效的主要原因。宁夏高校财力投入影子价格很高，达到46.53，说明高校财力投入对宁夏技术创新具有重要作用。

云南技术创新绩效为0.88，属于高创新绩效地区。虽然该地区创新系统的规模和技术都是无效，但该地区投入是规模效益递增，增加创新投入能够有效增加创新产出，提高区域创新绩效。但是在增加投入的过程中，应当注重资源的使用效率。从输入剩余来看，高校人力投入存在较大的浪费。提高高校人力投入的使用效率，是云南今后提高投入使用效率的重点工作。

江西、广西、贵州、青海与新疆创新绩效为中等，创新投入的规模效益呈现递减趋势。这说明这五个地区增加创新投入不能有效增加创新产出，提高投入使用效率是这些地区创新工作的重点。从输入剩余来看，江西、广西和贵州三地的高校和企业的人力投入使用效率较差，应当在今后工作中重点提高这两种投入的使用效率；青海高校和研究机构人力投入及企业的财力投入是制约创新绩效提高的瓶颈因素，是重点应当解决的问题；新疆人力投入使用效率比财力投入使用效率低，新疆应当注重解决各种人力投入的使用效率。

山西、甘肃与重庆创新绩效低，而且规模收益呈现递减趋势。这三个地区不应以增加创新投入而应以提高创新投入的使用效率作为今后工作的重点。从输入剩余来看，这三个地区企业人力投入效率相对其他投入存在较大浪费，今后应重点提高企业人力投入的使用效率。

安徽创新绩效低，而且规模收益呈现递增的趋势。增加创新投入和提高投入使用效率，是该地区创新工作应当遵循的方针。从输入剩余来看，安徽各种创新投入的都存在浪费，其中尤以高校人力资源浪费严重，提高高校人力投入的使用效率，是提高资源投入使用效率的重点。

5.3 创新资源配置对区域创新绩效的影响

5.2节按照创新机构来划分创新系统的投入,并对我国各地区创新系统各个创新机构的人力和财力投入对创新绩效的影响进行了详细的分析。本节按照创新系统投入的来源,划分区域创新系统的投入,并重点研究各种不同的投入来源,特别是财力投入,对各个区域创新系统的影响。

按照我国研究开发经费的投入体制,我国各地研究开发投入的来源主要分为政府投入、企业投入和银行投入。因此,区域创新系统可以看作为一个由四个输入和一个输出构成的决策单元。某决策单元的人力投入是该地区各个创新机构人力投入之和,用该地区的科学家和工程师的人数作为指标;该决策单元的财力投入以政府研究开发投入、企业研究开发投入和银行研究开发投入作为指标;仍以发明专利申请量作为该地区创新产出的指标。本书使用C^2R模型来计算创新系统的创新绩效和各种投入的影子价格和输入剩余。

同5.2节一样,为了对各种投入的影子价格和输入剩余进行比较,将投入按照百分制评分,评分方法同上节。由于投入到产出有一定的延迟时间,同5.2节一样,选择延迟时间为两年。这样2008年的计算结果是以2008年的创新投入为输入,以2010年创新产出为输出。C^2R模型各个地区的计算结果——创新绩效,各种投入的影子价格和输入剩余详见附表4。

由附表4可知,北京、内蒙古、黑龙江、上海、湖南、新疆的创新绩效为1,说明这些地区在以投入来源划分创新系统输入的相对有效性评价中为规模和技术有效,政府、企业和银行对研究开发投入不存在浪费。

在剩余 23 个地区当中，创新绩效小于 1，为无效单元，说明这些地区不是规模和技术有效的，创新投入的使用效率不高。

天津、河北、辽宁、浙江、广东、广西的企业对研究开发投资的剩余要远高于政府和银行对研究开发投入剩余，说明这六个省企业对研究开发投入的使用效率不高，存在明显的浪费。有效提高企业对研究开发投资的使用效率，是这些省今后创新工作的重点。

山西、安徽、福建、江西、湖北的银行对研究开发投资的剩余要远高于政府和企业对研究开发投入剩余，说明这五个省银行对研究开发投入的使用效率不高，存在明显的浪费。有效提高银行贷款在研究开发中的使用效率，是这五省技术创新工作面临的主要任务。

吉林、江苏、山东、海南、青海的银行和企业对研究开发投资的剩余要远高于政府对研究开发投入剩余，说明这五个省银行和企业对研究开发投入的使用效率都不高，存在明显的资源浪费。这些省今后应当重点提高银行和企业对研究开发投资的使用效率，增强地区创新绩效。

四川、陕西、甘肃、重庆的政府、企业和银行对研究开发投入的输入剩余相差不多，这些地区应当全面提高各种创新资源的剩余效率，提高地区创新绩效的水平。

贵州、云南、宁夏的创新绩效虽然小于 1，属于规模和技术无效的创新系统，但是由于其创新绩效分别为 0.93、0.99、0.98，创新绩效较高，所以各种资金投入的输入剩余较少，创新系统效率还是令人满意的。

5.4 基于可持续发展持续的创新绩效分析

随着环境问题逐渐严重,使人类和环境协调可持续发展的思想引起人们的关注。所谓可持续发展就是满足现有一代的需求而不损害将来几代人满足自己基本需求的能力。20世纪70年代以来,许多学者研究认为,技术在解决环境问题中是不可缺少的。当代环境问题呼唤生态友善技术与绿色技术的诞生,从根本上说绿色技术创新是实现可持续发展的核心手段,为了扩大资源的存量以及广义经济系统对废物的容量,技术范式必须向有利于环境的方向发展。

因此在研究创新系统过程之中,不能忽视技术创新对环境保护的重要作用。由于工业技术水平低、能耗过大是我国工业污染的技术根源之一。因此,本书将万元GDP综合能耗(标准煤吨/万元)作为衡量各地区技术创新对环境保护作用的指标。按照以下公式对该指标进行处理。

设x_j表示第j个($i=1,2,\cdots,29$)地区在2010年中万元GDP综合能耗,y_j表示第j个($i=1,2,\cdots,29$)地区2010年万元GDP综合能耗分数,具体计算如下。

$$y_j = \frac{\max_j(x_j) - x_j}{\max_j(x_j) - \min_j(x_j)} \times 100 \quad (i=1,2,\cdots,29)$$

这样区域创新系统可以看作六输入和两输出的决策单元。输入如同表5-1的决策单元输入,输出为发明专利申请量和万元GDP综合能耗分数。创新投入到产出的延迟时间同样选为两年,2008年投入作为创新系统投入,2010年产出作为创新系统输出,利用C^2R模型可以计算各个地区基于可持续发展的创新系统创新绩效，具体计算结果和各地区创新投入的影子价格和输入剩余见附表5。

比较基于可持续发展的创新绩效和非可持续发展的创新绩效，能发现各个地区在技术创新过程中对可持续发展的重视程度。根据附表3与附表5，各地区2008年两种不同创新绩效如图5-1所示。

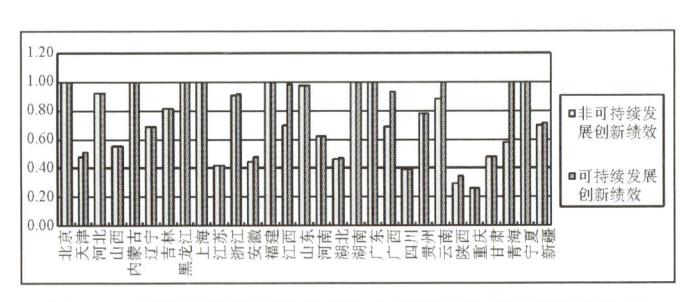

图5-1 可持续发展创新绩效和非可持续发展创新绩效比较

从图5-1可以看出，基于可持续发展的创新绩效和非可持续发展的创新绩效基本相同；同时，相关分析表明两种创新绩效的相关系数为0.906（双尾检验在0.01水平下显著）。这表明各地区基于可持续发展的创新绩效和非可持续发展的创新绩效相差不多，技术创新在可持续发展中的作用没有充分发挥，特别是高创新能力地区没有利用技术优势从事绿色技术创新。

由于我国能源消耗较高，不利于区域经济的可持续发展。为了促进区域经济的可持续发展，区域创新系统应当增强技术选择机制，促使企业从事有利于环境保护的绿色技术创新，淘汰落后的技术，提高资源的利用率和减少对环境的污染。区域创新系统同区域可持续发展关系将在第7章详细论述。

5.5 不同研究开发产出的创新绩效比较分析

以各地区被国际三大检索机构索引的论文数量[①],获得国家奖励的系数[②]和专利申请量分别表示不同研究开发产出,以表 5-1 的研究开发投入作为投入,研究各个地区不同研究开发产出的绩效。考虑延迟时间为两年,研究开发投入为 2008 年数据,投入数据处理方法同 5.3 节,研究开发产出数据为 2010 年。计算我国各地区不同研究开发产出的 C^2R 模型最优值,即研究开发产出绩效,结果如表 5-4 所示。各地区根据研究开发产出的绩效,可以分为七类。

表 5-4　　　　　　　　不同研究开发产出的绩效

地区	研究开发产出绩效分类			类别	地区	研究开发产出绩效分类			类别
	论文	获奖	专利			论文	获奖	专利	
吉林	1.00	0.89	0.81	1	山西	0.49	0.63	0.55	5
陕西	0.55	0.34	0.30	1	江西	0.21	1.00	0.70	5
甘肃	1.00	0.83	0.48	1	山东	0.87	1.00	0.97	5
江苏	0.93	0.34	0.42	2	河南	0.52	0.63	0.62	5
安徽	1.00	0.30	0.44	2	青海	0.36	1.00	0.58	5
湖北	0.81	0.40	0.47	2	新疆	0.48	0.91	0.70	5
天津	0.73	0.87	0.48	3	内蒙古	0.23	0.65	1.00	6
四川	0.41	0.60	0.40	3	湖南	0.84	0.97	1.00	6

---

① 中华人民共和国国家统计局. 中国科技统计年鉴 [M]. 北京:中国统计出版社,2011.

② 数据来源于 2011 年全国及各地区科技进步统计监测结果获国家级科技成果奖系数值,见科技部网站。

表5-4(续)

地区	论文	获奖	专利	类别	地区	论文	获奖	专利	类别
辽宁	0.66	0.61	0.69	4	北京	1.00	1.00	1.00	7
广西	0.32	0.26	0.69	4	黑龙江	0.94	1.00	1.00	7
贵州	0.52	0.36	0.78	4	上海	1.00	0.57	1.00	7
云南	0.53	0.32	0.88	4	浙江	1.00	1.00	0.91	7
宁夏	0.52	0.00	1.00	4	福建	1.00	0.72	1.00	7
重庆	0.50	0.00	1.00	4	广东	0.77	1.00	1.00	7
河北	0.50	1.00	0.92	5					

（1）吉林、陕西与甘肃的论文的产出效率高，而发明专利的产出效率低。

（2）江苏、安徽与湖北的论文的产出效率高，而获奖的产出效率低。

（3）天津与四川的获奖的产出效率高，而发明专利的产出效率低。

（4）辽宁、广西、贵州、云南、宁夏与重庆的发明专利的产出效率高，而获奖的产出效率低。

（5）河北、山西、江西、山东、河南、青海与新疆的获奖的产出效率高，而论文的产出效率低。

（6）内蒙古与湖南的发明专利的产出效率高，而论文的产出效率低。

（7）北京的所有研究开发产出效率都高，黑龙江的获奖和发明专利产出效率高，上海的论文和发明专利的产出效率高，浙江的论文和获奖的产出效率高，福建的论文和发明专利的产出效率高，广东的获奖和发明专利产出效率高。

从表5-4可以看出，在我国31个地区中，只有11个地区的发明专利的产出效率相对论文和获奖的产出效率要高或相同。这表明我国大部分地区的研究开发较为重视基础性的研究,而对技术的商业化重视程度不高。这将对我国的技术创新,特别是区域创新能力的提高产生不利的影响。

5.6 本章政策建议的补充说明

上述研究评价了我国各区域创新系统的相对效率,以上政策建议是相对于其他地区应当着重解决的问题。从创新的投入来看,我国各区域相对于国外经济和科技发达国家,创新系统存在着相当大的差距。实证研究表明,区域技术创新能力同研究开发投入具有极强的正相关(考虑到延迟,对2008年各地科技经费总投入与2010年专利申请量做相关分析,得到相关系数为0.893,在0.01水平下显著),说明除创新绩效外,创新投入是影响区域创新能力的重要因素。因此,各地区在制定创新政策时,应在着重解决影响创新系统创新绩效主要矛盾的同时,加强创新人力和财力资源的投入,提高各种资源的利用率,注重研究开发成果的商业化。

6 区域创新环境研究

区域创新环境分为创新软环境和创新硬环境，软环境主要包括政治、法律、经济、文化和社会服务，硬环境主要包括创新基础设施。北京大学王缉慈教授从定性的角度，对区域创新环境进行了详尽的研究。中国区域创新能力报告从定量的角度对我国各个地区的创新环境进行了全面分析和评价。本书将在上述研究的基础上，从定量角度出发，研究区域创新硬环境对纯知识吸收和溢出的影响；以信用环境讨论为中心，从定性的角度研究法律、经济、政治、文化和社会等软环境对区域创新的影响；最后分析区域人力和财力环境同技术创新能力的关系。

6.1 评价区域创新环境的指标体系

格里利兹（Griliches）认为存在两种知识溢出，即租金溢出和纯知识溢出。租金溢出主要是包含在产品中的 R&D 技术含量；纯知识溢出主要是指技术创新的思想和从其他人处获得的研究开发经验。

知识流动同贸易自由程度存在一定程度的相关。租金溢出主要是包含在产品中的技术，随着贸易自由化，这种溢出将越来越容易，但是贸易自由化不一定增加纯知识的流动，其他许多因素都会影响纯知识的溢出和吸收。下面首先建立测度区域创新硬环境的指标体系，在此基础上分析区域创新硬环境水平对知识吸收和溢出的影响。

《中国区域创新能力报告》从创新服务水平、创新基础设施、市场需求水平、劳动者素质、创新基金、金融环境和创业水平七个方面对我国的区域创新环境进行了全面的定量评价，使用的指标总计达39个。由于本书主要研究区域创新硬环境对知识吸收和溢出的影响，本着指标精简的原则，依据信息传递原理选择测度区域创新硬环境的指标。

依据信息传递原理，两个系统的通信主要由以下要素构成：信息、信息源、编码机制、信息通道、解码机制和信息接受者，如图6-1所示。

图6-1 信息传递原理示意图

纯知识作为信息的一种形式，其传递机制符合信息传递原理。根据信息传递原理，影响知识在不同区域创新系统流动（流入和流出创新系统）的因素主要有以下5个：①知识源的溢出知识量；②知识源编码能力；③流通渠道的流通能力；④知识接受者的解码能力；⑤知识接受者知识吸收能力。

一个地区获取外部知识的能力只有依靠自身的知识吸收能力，知识吸收能力的高低主要同研究开发能力密切相关。知识消化吸收能力是技术存量和学习能力的函数，因此，知识消化吸收能力依靠研究开发投入的水平。知识流动的发生需要溢出方和接受方都从事研究开发活动，这样才能导致知识流动的发生。大卫拉尔（Davelaar）的研究表明，教育同区域创新水平密切相关。因此，知识源和知识接受者及其编码和解码能力用研究开发水平来刻画，本书选用各地区科技经费、从事科技活动的科学家和工程师人数，以及教育经费作为研究开发水平的测度指标，以此描述知识源和目标的知识溢出、吸收和编码能力。

马登（Madden）和萨维奇（Savage）认为随着信息经济的到来，信息和通信技术成为重要的知识转移通道，互联网成为知识流动的重要途径。柳卸林等人在《21世纪的中国创新系统中》一书中对互联网对知识的流动作用研究表明，互联网有利于促进信息和纯知识的获取。大卫拉尔认为通信网络同区域创新水平密切相关。因此，可以使用各个地区的通信水平描述信息通道知识流通能力。本书使用互联网用户占全国的比例作为信息通信水平的测度指标。

根据第3章的分析，各地区知识的溢出和吸收使用论文的被引用和引用数量来测度，由于从研究投入到论文发表要经过一定的时间，选用延迟时间为两年。论文引用和被引用的数据同第3章一样选用2010年数据，创新环境指标选用2008年数据。引文数据选自中国科学引文数据库（CSCD），科技经费和科学家、工程师人数数据选自《中国科技统计年鉴》（2009），教育经费数据来源于《中国统计年鉴》（2009），互联网用户占全国比例数据来自中国互联网络信息中心网站。

为了验证选取测度区域创新环境指标的合理性，本书对各地区创新环境的指标采取同中国区域创新能力报告中相同的方法进行评分。将测度创新环境水平的各指标按照百分制评分，值域为[0，100]，即该指标的最优值为100、最差值为0。计算方法如下：

设i表示第i项指标，j表示第j个区域，x_{ij}表示i指标j区域的获取值，y_{ij}表示i指标j区域的分数，$x_{i\max}$表示该指标最大值，

x_{imin} 表示该指标最小值，则 $y_{ij} = \dfrac{x_{ij} - x_{imin}}{x_{imax} - x_{imin}}$。

本书对创新环境的四个测度指标使用相同权重加权平均的方法计算各地区创新环境评分，并与《中国区域创新能力报告》的评分比较。各种指标的分数、创新环境分数和《中国区域创新能力报告》中各地区创新环境分数如附表6所示。对两种创新环境的评分方法所得的创新环境分数进行相关分析，结果如表6-1所示。

表6-1　　　　　两种评分方法的相关分析

		本文分数	报告分数
本文分数	Pearson Correlation Sig. (2-tailed) N	1 . 30	0.911* 0.000 30
报告分数	Pearson Correlation Sig. (2-tailed) N	0.911** 0.000 30	1 . 30

注：** 表示5%显著性水平，* 表示10%显著性水平。

从表6-1可以看出，两种评分方法所得到创新环境分数的相关系数为0.911，显著水平为0.01。显示本书选用的指标同《中国区域创新能力报告》选用的指标基本一样，同样能反映区域创新环境的水平，指标选取是合理的。

6.2　区域创新环境对知识吸收和溢出能力的影响

自引用数是一个地区引用本地区的引文数量，根据OECD的观点，该指标是测度纯知识在地区内部流动的指标之一，能够反映知识在创新系统内部的流动。

将创新环境各指标的分数同区域创新系统知识吸收能力、溢出能力、吸收倾向、溢出倾向和自引用等指标进行相关分析,结果如表6-2所示。

表6-2 创新环境各指标同知识流动指标相关分析结果

	吸收能力	溢出能力	吸收倾向	溢出倾向	自引用
科技经费	0.908**	0.914**	-0.624**	0.068	0.899**
科技人员	0.787**	0.718**	-0.654**	0.099	0.674**
互联网水平	0.831**	0.961**	-0.436*	0.121	0.970**
教育投入	0.735**	0.431*	-0.145	-0.133	0.404*
创新环境水平	0.929**	0.851**	-0.605**	0.045	0.825**

注:** 表示5%显著性水平,* 表示10%显著性水平。

从表6-2可以看出,创新环境水平同知识吸收能力呈现较强的正相关关系,相关系数为0.929,显著水平为0.01,说明良好的区域创新环境有利于区域吸收和利用外部的知识。区域创新环境中,科技投入和互联网水平对吸收能力影响较大,说明落后地区要提高知识吸收能力必须在提高创新环境水平的同时,重点加大科技投入和信息化建设。

创新环境水平同知识吸收倾向的相关系数为-0.605,显著水平为0.01。创新环境水平越高,吸收利用外部知识的倾向越低,在创新环境指标中,只有教育投入同知识的吸收倾向呈现不显著的相关关系。创新环境同自引用的相关系数为0.825,显著水平为0.01,说明创新环境水平较高的地区,其引用地区内部的知识较多,减弱了吸收利用外部知识的倾向。这一点应当引起创新环境水平较高地区的注意,加强利用其他地区的知识,进一步提高区域创新能力。教育水平同自引用的相关性较低,显著水平较差,所以教育水平同吸收倾向的相关性不显著。

表6-2显示,创新环境水平较高虽然有利于吸收外部的知识,但是同样本地区的知识向外溢出也较多,但是知识溢出的倾向性同创新环境水平没有相关关系。

创新环境水平较高不但有利于地区间的知识流动,同样有利于地区内部知识的流动。本文从引文分析角度定量论证了良好的创新环境有助于知识的流动。在创新环境的各种因素中,互联网络的水平对知识流动的影响最大。

6.3 地区知识产出能力差距与地区间知识流动的研究

将我国31个省、市、自治区(不包括港、澳、台地区)两两排列(不包括自身排列),共有930对地区,将这930对地区的引文数量和论文发表数量的差距作为样本,研究地区知识产出能力差距同地区间知识流动关系,论文发表和引文采用2010年数据,数据来源为《中国科学计量指标:论文与引文统计》2011年卷。

设地区 i 的论文发表篇数为 x_i 篇,地区 j 的论文发表篇数为 x_j 篇,地区 i 引用地区 j 的论文篇数为 y_{ij},地区 i 同地区 j 的论文发表篇数之差 $z_{ij} = x_i - x_j$。以地区论文发表数差距 z_{ij} 为横坐标,以引文数量 y_{ij} 为纵坐标,将各地区数据对绘制在坐标系中,如图6-2所示。

按照地区论文发表数量的差距,地区间论文发表数量差距与引文数量的关系明显分成四类。这四类分别为:论文发表数量差距在-20 000~-10 000之间的地区,共29对;差距在-10 000~0之间的地区,共436对;差距在0~10 000之间的地

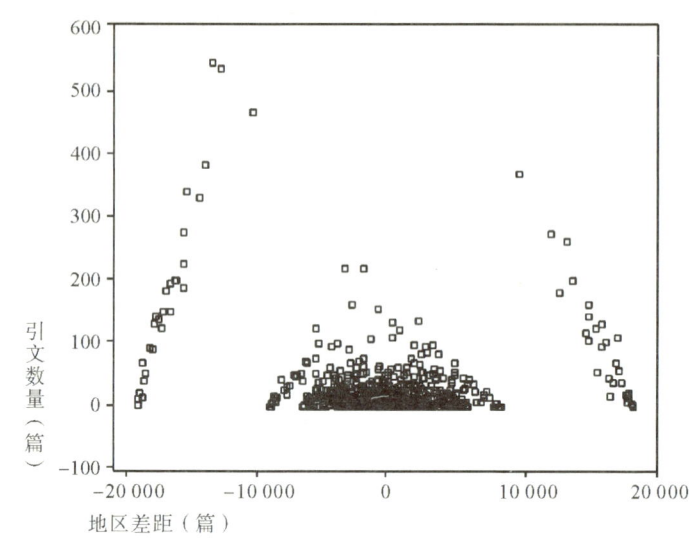

图 6-2 引文数量同地区差距的关系

区，共 436 对；差距在 10 000~20 000 之间的地区，共 29 对。

针对上述四类关系，对每一类的引文数量与地区差距及其绝对值进行相关分析，相关分析结果及各类的地区对的数量如表6-3所示。

表 6-3　不同地区差距同引文数量的相关分析

差距范围	−20 000~ −10 000	−10 000~ 0	0~ 10 000	10 000~ 20 000
相关系数	0.971**	−0.241**	−0.178**	−9.31**
地区差距绝对值的相关系数	−0.971**	0.241**	−0.178**	−9.31**
地区数量（对）	29	436	436	29

注：** 表示5%显著性水平。

从图 6-2 和表 6-3 可以看出，当引用地区知识生产能力同被引用地区差距很大，即论文发表数量的差距在-20 000~-10 000之间时，地区差距同引文数量呈显著正相关，相关系数为0.971，在0.01水平下显著。随着地区差距的减小，引文数量增加，说明在此差距范围内，随着引文地区同被引文地区差距的减小，落后地区能够有效吸收发达地区的知识。

当引用地区知识生产能力远远超过被引用地区，即论文发表数量之差为10 000~20 000之间时，地区差距同引文数量呈现显著负相关关系，相关系数为-0.931，在0.01水平下显著。随着地区差距的增大，引文数量减少，说明在此范围内，随着引文地区同被引文地区差距的增加，发达地区减少对落后地区知识的吸收。

在地区差距为-20 000~-10 000之间时，引文数量与差距的绝对值呈现显著的负相关关系，相关系数为-0.971，显著检验水平为0.01。同样，在地区差距在10 000~20 000之间时，引文数量与差距的绝对值呈现显著的负相关关系，相关系数为-0.931，显著检验水平为0.01。这说明当引文和被引文地区差距较大时，随着地区差距的增加，知识流动减少。地区差距过大不利于知识的流动。

在地区差距为-10 000~0之间时，引文数量与差距的相关系数较小，为0.241，显著检验水平为0.01。说明在此范围内，较落后地区吸收较发达地区知识的能力随着地区差距的减小而减小，但是减小趋势并不显著。

在地区差距为0~10 000之间时，引文数量与差距的相关系数较小，为-0.178，显著检验水平为0.01。说明在此范围内，较发达地区吸收较落后地区知识的能力随着地区差距的增大而减少，但是减少趋势并不显著。

在地区差距在-10 000~10 之间时，引文数量与差距的绝对值呈现正相关关系，相关系数为0.241，显著检验水平为0.01。

在地区差距在 0~10 000 之间时，引文数量与差距的绝对值呈现负相关关系，相关系数为-0.178，显著检验水平为 0.01。这说明当引证地区相对被引文地区知识生产能力较弱时，随着地区差距的减小，引证地区吸收知识的能力有增强的趋势；当引证地区相对被引文地区知识生产能力较强时，随着地区差距的减小，引证地区吸收其知识的能力有减弱的趋势。

6.4 区域创新软环境分析

区域创新能力不仅仅取决于创新的投入，创新环境对区域创新能力同样重要，特别是区域的信用环境，对区域创新能力起着至关重要的作用。信用就是指交易双方履行合约的可能性。这里的合约既包括隐性的默切合约，也包括明确签订的契约。良好的社会信用环境有利于降低交易成本，有利于增强知识在各创新要素间的流动，有利于创新企业在成长初期获得创业资金。发达国家 150 多年信用制度的历史表明，信用制度有利于市场经济健康发展，是市场经济不可缺失的社会环境。因此在构建区域创新系统的过程中，必须从道德建设、法制建设和中介机构建设等多方面加强社会信用环境的营造，为企业技术创新构建一个有利的社会环境。

6.4.1 创新需要良好区域信用环境的支撑

6.4.1.1 创新企业的创立需要信贷资金和风险投资资金

建立一个新的创新企业，企业家必须拥有购买执行创新所必须的生产手段的资金，这一点对创新企业是非常重要的。按照著名经济学家熊彼特的经济发展理论，这些资金主要来自于企业利润的风险投资和金融机构的信用贷款，而企业的利润主要来自于以往成功的创新。这些资金的筹集建立在信用基础之上，没有信用的企业很难获得创业资金。在没有信用的社会环境中，企业不愿将自己的利润作为创新企业的风险投资，银行更加不愿意投资于高风险的业务，它们倾向于从事风险较低的其他业务。各国的信贷制度和风险投资发展历史告诉我们，信贷制度和风险投资都是从为创新企业提供资金产生并且繁荣的。这样，在信用缺失的社会环境中，信贷制度和风险投资与创新企业的成长间就构成了恶性循环。创新企业由于难以获得信贷和风险投资而发展缓慢，甚至中途夭折，创新企业发展缓慢又导致信贷制度和风险投资发展缓慢。

特别是对于还在创业阶段的创新企业，特别需要风险投资和创业投资作为企业运作的启动资金，信用缺失的社会环境给创新企业在其创建初期的资金筹措带来了很大的困难，给创新企业的发展制造了极大的障碍。同时，由于信用缺失导致的民间投资的不足，创新只能依靠政府投资支撑。政府的投资来源于纳税人的税收，政府加大的创新投入最终将由企业来负担，这将最终导致创新企业的举步艰难，最终影响一个地区的整体创新能力。信用缺失严重地制约了区域创新企业的发展，使创新过程中重要的一个环节——创新取得市场上的成功难以实现，这严重制约了区域创新系统创新能力，对区域经济发展产生不良影响。

6.4.1.2 良好的社会信用环境有利于知识在创新主体间相互流动

共同的文化基础和良好的社会环境有利于隐性知识流动，有利于提高区域内相互学习能力，有利于减少创新中的不确定性。依据创新系统的观点，一个地区的创新能力不仅仅取决于该地区的创新投入，各创新主体间的相互作用对于创新能力同样重要。创新体系中各要素的相互联系而构成的创新网络，对于将创新投入转化为创新产出具有重要的作用。创新系统的正常运行依靠知识在企业、大学和研究机构间的快速流动和传播。

知识分为编码化知识和隐性知识。编码化知识是能够存在于一种媒体之上进行传播的知识，比如出版物和专利。隐性知识是只可意会不可言传的经验知识，只存在于人的头脑之中。

非正式交流既是隐性知识传播的主要渠道，又是创新的主要源泉。研究表明，知识的绝大部分是先通过非正式交流来传播的，这些非正式交流的传播速度也比正式交流快很多。在知识快速更新的时代，非正式交流的作用就更为显著。非正式交流是通过社会网络来传播知识，这就要求一个有利于非正式交流的良好社会氛围。

知识的正式交流渠道是出版物、专利等编码化知识的传播渠道，这些知识的传播要求对知识产权的保护，否则就会严重挫伤知识生产者的积极性，对知识的生产造成严重的障碍。

由于创新过程的不确定性，企业无法预测创新中所需求的信息。另外，即使企业知道创新过程所需的信息，也不能完全了解其是否存在和存在于何处。依靠市场和企业集团都无法为各种意外的发现提供有利的空间，这就需要协作网络的出现。因此，企业之间以及企业与其他机构的合作就显得非常必要。越是复杂的创新，就越需要不同创新机构之间的合作，越需要合作者之间相互信任。

中介组织是促进创新系统知识流动的重要组织。中介组织应以维护接受其服务的双方利益不受侵害为服务宗旨。作为知识技术一肩挑的掮客，信用是创新中介组织生存的根本。中介组织缺乏信用，危害的不仅是其自身，还会对知识生产和接受双方造成巨大的损害，影响知识的正常流动。

因此，知识的流动要求有一个信用良好和遵守游戏规则的社会环境。信用缺失会造成人与人之间相互猜疑、戒备和不必要的防范，会恶化人际关系，制约人与人的交流，阻碍知识的流动。信用缺失造成的对知识产权的严重践踏，不利于知识产权所有人的利益，使得人们不愿意从事知识生产和技术创新。信用缺失严重阻碍了知识的生产和流动，从而降低了创新系统的创新绩效和创新能力，对区域经济发展产生了严重的不良影响。

6.4.1.3 良好的社会信用环境能减少社会交易成本

在现代合约理论中，主要有两种形式的合约履行方式。一种是强制履行方式，即由第三方对违反合约方进行惩罚来保证合约的执行。另一种是自我履行合约，合约的履行依靠人与人之间的相互信任。在信息不对称的情况下，明确的契约不可能将交换过程中的一切活动都明确规定，无法规定的过程需要靠隐含契约来约束。明确的契约是可以强制执行的，而隐含契约的执行依靠契约双方的相互信任，信用是支撑隐含契约的基础。信用缺失的社会环境相当于对所有的社会经济活动都征收了一种税，而信用高的社会则不存在这种税。同样的一笔交易，在信用低的社会需要付出较高的交易成本。

刚建立的创新企业由于前期运营成本高、风险大，更需要一个良好守信的社会环境。这样才能充分利用弹性专精的优势降低企业的运营成本，并且降低区域内企业的交易成本，使创新企业尽快获利，回收创新投入并进行新一轮的创新，使创新企业走上良性的发展轨道。而且，处于良好信用社会环境的企业更容易将市场扩大到区域之外，提高企业的销售额，使创新企业较早获利。这样才能提高企业进行技术创新的积极性，促进区域创新能力的不断提高和区域经济的健康发展。

6.4.2 我国区域创新系统的信用状况

在欧美国家中，目前企业间的信用支付方式占到社会经营活动的80%以上，纯粹的现金交易方式越来越少。但在我国，据有关部门调查，由于信用的缺失，企业中的业务往来倒退到现金交易、现货交易和"一手交钱，一手交货"这些原始交易状态。据不完全统计，目前我国每年签订的合同有40亿份左右，合同的履约率只有50%多，而合同只占整个经济活动交易量的30%左右。我国信用体系已经严重滞后于市场经济发展水平，成为经济发展的重要障碍。

在北京的中关村，由于商业信用体系不存在或太弱，企业间缺乏信任的基础，导致中关村地区的交易需要较高的社会成本。由于IT业的行业特征，经营和销售以赊帐为主，这就要求企业间必须遵守游戏规则，恪守商业信用。但不断出现的企业拖欠状况，以及仪科惠光事件都反映出我国区域经济信用基础的薄弱。

还有一些地区，在地方保护主义的庇护下，制假造假严重，盗版极其猖獗，知识产权受到严重践踏，甚至出现了专门从事假冒伪劣生产的村镇。这些现象严重地干扰了正常的市场经济秩序，使企业——特别是创新企业的利润受到严重的侵蚀。由于没有进一步的利润支撑，创新企业很难维持正常的持续创新，甚至连正常的生产经营活动都难以进行，更不要说企业的发展了。

据财政部公布的会计信息抽查公告显示，在被抽查的157家企业中，竟有155家企业存在虚报利润现象，恶意负债几乎泛滥成灾。"郑百文""银广夏"和"中科创业"事件反映出我国企业严重的财务信用危机状况。

由于缺少良好信用环境的支持，部分成功的企业只有依靠垂直一体化经营和多元化经营，来降低交易的社会成本，发展成为高新技术企业。对于小企业，由于创新信用环境的恶劣，许多创新思想随着新兴的小企业一同消失。信用的缺失极大地提高了市场的交易成本,制约了市场经济的发展,特别是金融领域的良性发展,导致社会整体利益受损。特别是对于还在创业阶段的创新企业,由于需要风险投资和创业投资这些以企业信用为基础的启动资金,信用缺失给它们造成的危害更为严重。信用缺失严重影响区域创新网络的正常运转,对区域的创新能力提高产生严重的阻碍,使区域经济发展失去了强劲的动力,制约了区域经济的发展和就业水平的提高。因此营造区域创新系统良好的信用支撑体系成为提高区域创新能力和发展区域经济的重要任务。

6.4.3 改善区域创新信用环境的措施

信用制度的建立不是一朝一夕能完成的,发达国家的信用制度经过150多年才发展到今天这种程度。良好社会信用环境的建设必须经过长期努力,有系统、有组织地进行,必须在加强法制建设的同时,注重道德建设。

第一,加强道德建设。2 000多年前的思想家孔子就说过,人而无信,不知其可也。中华民族传统文化的精髓之一就是以德立世,江泽民同志提出以德治国是非常及时和必要的。合约的履行除了强制履约和自我履约外,还有一种默克雷思指出的信用保证机制,即通过个人信用观念的培养产生信用。各地区政府在抓经济建设的同时,应当注意信用环境对经济发展的支撑作用,从学校教育和地区文化建设等多方面加强信用观念的培养,使人们逐步树立起良好的信用观念,培养一种诚实守信光荣、不诚实守信可耻的社会文化氛围。

第二,加强法制建设,建立快速的审判机制。合约的强制履约主要依靠法院对违约方处罚以保证合约的执行,这就要求法院能够公平执法、及时依法对违约方进行处罚。由于有些地区的政府出于地方保护主义,不愿意本地资金外流,就干扰案件的审理，使法院的判决难以执行。有些地区的法院不能依法办案，使合约受损方的利益难于保障。由于法院的工作任务较重，许多案件从受理到结案需要的时间过长，许多企业不愿把精力过多地花费在打官司上。以上这些情况为不法投机商提供了生存的空间，破坏了地区的信用体系，最终会对地区经济发展产生不良影响。各地的法院应当立足于本地区的长远发展，严格执法，公平办案，建立一套快速的立案和审判机制，对小额案件采取简易处理方式。另外，各地法院对本地区的企业和外地企业应一视同仁。上述措施可使不法投机商失去生存的空间，为地区经济发展创建一个良好的社会信用环境。

第三，建立企业信用评估机构，对地区的所有企业进行信用监控。合约的自我履约是依靠企业的声誉机制进行的。企业声誉的培养是企业投入一定的沉淀成本而获得的，企业的声誉一旦受到影响，企业将为此付出很高的代价。必须由政府组织中介机构，利用政府部门（海关、工商、税务和银行）的企业数据，对企业进行信用评估，且企业信用的查询采取有偿方式。利用中介机构建立信用体系，是符合市场经济规律并经过验证的。由于企业信用的公开，企业减少了投机心理，开始注重其信用的建设。这样有利于区域整体信用状况的改善，并逐步建立起诚实守信的社会氛围。

第四，创新是区域经济发展的强劲动力，良好的社会环境能够有力地提高区域创新系统的创新能力和创新绩效。各地政府在注重创新硬件设施建设的同时，不应当忽视营造有利于创新的社会环境，特别是创新信用支撑体系的建设。只有这样，才能不断地提高区域创新系统的创新能力，使区域经济走上依靠科技进步的发展轨道，促进区域经济的可持续发展。

6.5 区域创新投入与创新能力的关系研究

区域创新系统的人力和财力投入是创新区域创新环境的重要因素，正如第 5 章前言部分所指出的那样，我国的创新人力和财力投入与发达国家相比差距较大，制约了我国技术创新能力的提高。下面从定量的角度研究分析我国区域创新系统人力和财力环境与创新产出的关系。

6.5.1 数据处理说明

根据第 2 章的分析，我们用各地区发明专利申请量作为创新能力的测度指标，以科学家工程师数量作为人力投入的测度指标，以各地科技经费投入作为财力投入的指标，按照第 4 章的研究，将创新从投入到产出的延迟时间定为 2 年。我国 31 个地区 2000—2008 年 9 年的创新投入与 2002—2010 年 9 年的产出数据样本共 240 对。由于北京和上海 2008 年的数据为明显的奇异数据，因此去除这两个样本点，按照剩余的 238 对数据样本，对创新投入与创新产出的函数关系进行拟合。在研究创新产出与人均科技经费的关系时，由于西藏 2004 年的数据为明显的奇异数据，因此使用我国 31 个地区 2000—2008 年 9 年的人均科技经费与 2002—2010 年 9 年的产出数据样本共 237 对。

6.5.2 区域创新人力投入与创新产出的函数关系

使用三次多项式拟合创新人力投入与创新产出的函数关系，结果如式（6.1）所示。

$$y = -70.78 + 1.95x - 2.2 \times 10^{-3}x^2 + 1.1 \times 10^{-6}x^3 \quad (6.1)$$

方差分析结果：其 F 值为 238.21，显著水平为 0.000，说明该三次回归方程具有统计意义。以创新人力投入作为横坐标，以发明专利申请量作为纵坐标，人员单位为百人，发明专利申请量单位为件，可得出创新人力投入与创新产出的关系图（如图6-3所示）。

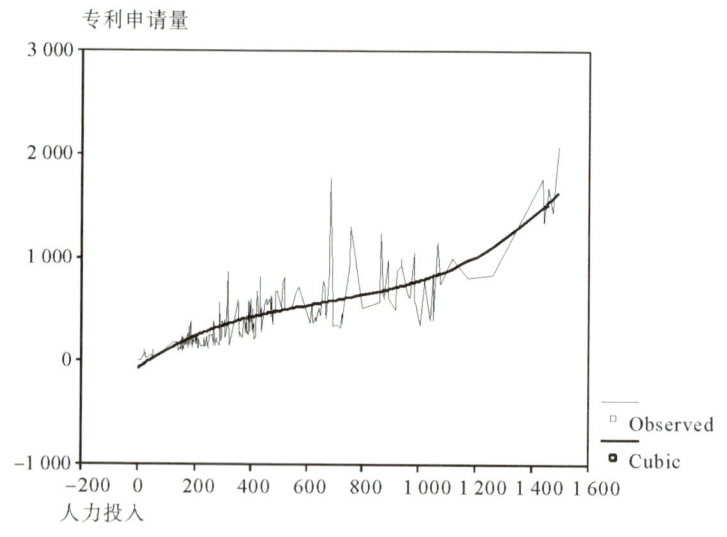

图6-3 专利申请量同人力投入关系

从图6-3可以看出，随着创新人力投入的增加，创新产出也随之单调增加，人力投入呈现出边际收益先递减后递增的特点。为了定量分析式（6.1）的特点，首先对该函数求一阶导数，结果如式（6.2）所示。

$$y' = 1.95 - 4.4 \times 10^{-3}x + 3.3 \times 10^{-6}x^2 \qquad (6.2)$$

首先证明 $y' > 0$。

证：$\Delta = b^2 - 4ac = (4.4 \times 10^{-3})^2 - 4 \times 1.95 \times 3.3 \times 10^{-6} < 0$

且 $a = 3.3 \times 10^{-6} > 0$，所以 $y' > 0$，证毕。

由于 $y' > 0$，所以式（6.1）为增函数。

对式（6.1）求二阶导数，结果如式（6.3）所示
$$y'' = -4.4 \times 10^{-3} + 6.6 \times 10^{-6}x \qquad (6.3)$$

由式（6.3）可知，当 $x > 667$ 时，$y'' > 0$，这时 y' 相对 x 为递增，创新人力投入的边际收益递增。在 238 个数据样本中，有 54 个数据样本处于边际收益递增区域。除陕西外，这些地区都为高创新能力地区。当 $x < 667$ 时，$y'' < 0$，这时 y' 相对 x 为递减，创新人力投入的边际收益递减。我国绝大部分中低创新能力地区处于边际收益递减区域。

6.5.3 区域创新财力投入与创新产出的函数关系

使用三次多项式拟合创新财力投入与创新产出的函数关系，结果如式（6.4）所示。
$$y = -15.45 + 0.49x - 1 \times 10^{-4}x^2 + 1 \times 10^{-8}x^3 \qquad (6.4)$$

拟合过程的方差分析结果显示：其 F 值为 227.67，显著水平为 0.000，该三次回归方程具有统计意义。以创新财力投入作为横坐标，以发明专利申请量作为纵坐标，财力投入单位为百万，发明专利申请量单位为件，可得出创新财力投入和创新产出的关系图（如图 6-4 所示）。

从图 6-4 可以看出，随着创新财力投入的增加，创新产出也随之增加，投入呈现出边际收益先递减后递增的特点。为了定量分析式（6.4）的特点，首先对该函数求一阶导数，结果如式（6.5）所示。
$$y' = 0.49 - 2 \times 10^{-4}x + 3 \times 10^{-8}x^2 \qquad (6.5)$$

首先证明 $y' > 0$。

证：$\Delta = b^2 - 4ac = (2 \times 10^{-4})^2 - 4 \times 0.49 \times 3 \times 10^{-8} < 0$
且 $a = 3 \times 10^{-8} > 0$，所以 $y' > 0$，证毕。

由于 $y' > 0$，所以式（6.4）为增函数。

对式 6-4 求二阶导数，结果如式 6.6 所示。

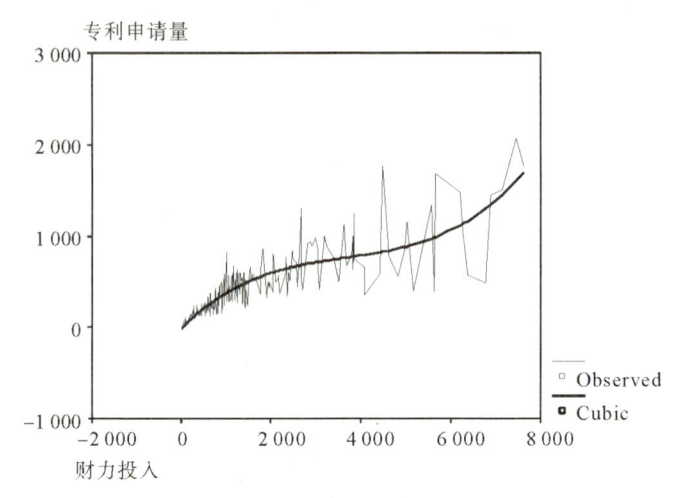

图 6-4 专利申请量同财力投入关系

$$y'' = -2 \times 10^{-4} + 6 \times 10^{-8} x \tag{6.6}$$

由式（6.6）可知，当 $x > 3\ 333$ 时，$y'' > 0$，这时 y' 相对 x 为递增，创新财力投入的边际收益递增。在 238 个数据样本中，有 22 个数据样本满足处于边际收益递增区域，都为高创新能力地区。当 $x < 3\ 333$ 时，$y'' < 0$，这时 y' 相对 x 为递减，创新人力投入的边际收益递减。所有中低创新能力地区都处于边际收益递减区域。

6.5.4 区域创新人均财力投入与创新产出的函数关系

使用三次多项式拟合每百人的人均科技经费与创新产出的函数关系，结果如式（6.7）所示。

$$y = -1\ 218.5 + 1\ 313.9x - 366.9x^2 + 36.3x^3 \tag{6.7}$$

方差分析结果显示：其 F 值为 67.8，显著水平为 0.000，说明该三次回归方程具有统计意义。以每百人的人均科技经费作为横坐标，以发明专利申请量作为纵坐标，发明专利申请量单位为件，可得出人均科技经费和创新产出的关系图（如图 6-5 所示）。

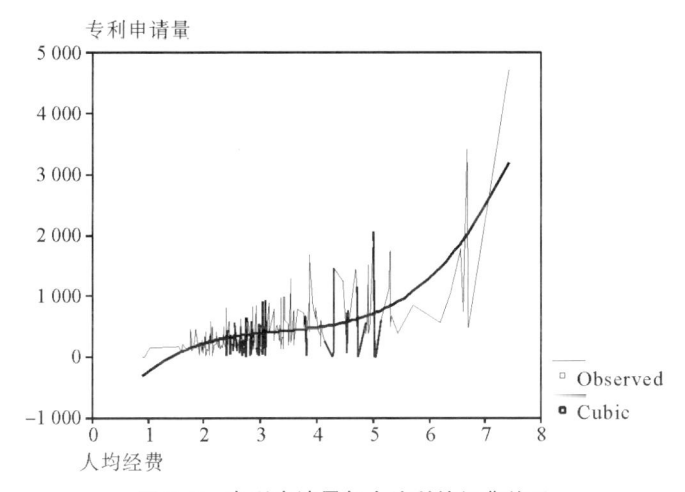

图 6-5 专利申请量与人均科技经费关系

从图 6-5 可以看出，随着人均科技经费的增加，创新产出也随之增加，人力投入呈现出边际收益先递减后递增的特点。为了定量分析式（6.7）的特点，首先对该函数求一阶导数，结果如式（6.8）所示。

$$y' = 1\,313.9 - 733.8x + 108.9x^2 \tag{6.8}$$

首先证明 $y' > 0$。

证：$\Delta = b^2 - 4ac = (733.8)^2 - 4 \times 1\,313.9 \times 108.9 < 0$

且 $a = 108.9 > 0$，所以 $y' > 0$，证毕。

由于 $y' > 0$，所以式（6.7）为增函数。

对式（6.7）求二阶导数，结果如式（6.9）所示。

$$y'' = -733.8 + 217.8x \tag{6.9}$$

由式（6.9）可知，当 $x > 3.369$ 时，$y'' > 0$，这时 y' 相对 x 为递增，创新人均科技经费投入的边际收益递增。在 239 个数据样本中，有 82 个数据样本处于边际收益递增区域。其中有 46 个样本为高创新能力地区，高创新能力地区占了大部分。当 $x <3.369$ 时，$y'' < 0$，这时 y' 相对 x 为递减，人均科技经费投入的边际收益递减，只有 10 个样本为高创新能力地区，绝大部分为中低创新能力地区。

6.5.5 区域技术创新投入与创新能力关系的分析

以上研究结果表明：技术创新产出不同于普通产品产出，即不表现为普通产品投入和产出间的边际收益递减规律；技术创新产出也不表现出技术对经济增长的边际效益递增的规律；技术创新的产出与创新投入之间存在较为特殊的关系。分析创新人力投入、财力投入和人均科技经费投入分别与创新能力的函数关系可以发现，以上三种投入与创新能力的函数关系基本相同，都为增函数。三种投入都表现为先边际收益递减，当投入达到一定数量时，即达到函数关系的拐点后，边际收益都从递减转化为递增。这说明技术创新投入无论是绝对投入还是人均投入，当达到一定的数量时，投入的边际收益会发生明显的改善。无论是创新绝对投入还是创新人均投入，在超过一定的规模临界点后，增加投入能够有效促进区域技术创新能力的提高。

7 区域创新系统与区域可持续发展的关系

"可持续发展"概念是由世界环境与发展委员会于1987年在《我们的共同未来》中首次正式提出,指的是"既满足当代人的需要,又不损害后代人满足其需要的能力的发展"。为了实现可持续发展,人类必须致力于消除贫困和实现适度的经济增长,控制人口和开发人力资源,合理开发和利用自然资源,尽量延长资源的可供给年限,不断开辟新的能源和其他资源,保护环境和维护生态平衡,满足就业和生活的基本需求,建立公平的分配原则,推进技术进步和对于危险的有效控制。区域技术创新是区域经济增长的重要动力,在依靠技术创新推动区域经济增长的同时,必须要考虑到区域自然环境和资源的保护。因此,区域创新系统在推进区域技术创新的同时,应当建立起有效的技术选择机制,选择环境友善技术,提高资源的利用水平和保护生态环境,促进经济,社会和环境的协调发展,使区域创新系统有效促进区域可持续发展。

7.1 区域创新系统与经济增长的关系

随着经济学研究的不断深入,人们对技术创新在促进经济增长方面作用的认识不断深入，特别是罗默的研究工作，使我们认识到技术水平是导致各国和各地区生活水平差异的主要原因。在投入不变的情况下，技术创新能够使产出增加，因而技术创新是经济增长的关键因素。经济学的研究和发达国家经济发展表明，技术进步在今天对经济增长具有重要作用。

亚当·斯密和大卫·李嘉图等古典经济学家对经济增长动因的分析涉及了经济增长的主要问题，使人类从科学的角度认识到了科技进步对经济增长的作用。亚当·斯密认为技术发明能够减少劳动中的投入，提高劳动生产率。大卫·李嘉图指出在土地和其他资源一定的情况下，资本的不断积累和劳动投入的持续增加可能导致生产要素的边际报酬递减，只能实现简单再生产的静止不变状态。为了保证经济增长，不仅需要资本的不断积累和劳动投入的不断增加，技术进步也是必不可少的条件。

自亚当·斯密之后，经济学家们一般把技术进步排除在经济学的分析框架之外，只把资本和劳动看作是经济增长的要素。约瑟夫·熊彼特的开创性著作《经济发展理论》的出版，使人们认识到技术创新，而不是资本和劳动，才是资本主义经济增长的主要源泉。

以罗伯特·索洛为代表的新古典经济增长理论向人们证实了技术进步对经济增长的重要作用，并给出了一个较科学的测定经济增长中技术进步贡献的方法。他把技术进步的因素纳入生产函数，在数量上建立了产出增长率、全要素增长率和投入要素（劳动，资本）增长率的关系，从而使技术进步的测算具有了可操作性。根据他的计算，1909—1949年40年间，美国非农业部门的劳动生产率翻了一番，技术进步的贡献率达到87.5%。罗伯特·索洛通过改进生产函数，定量分离出技术进步对经济增长的作用，使人们认识到在经济增长的过程中，除了投入要素的作用外，技术进步也起到了巨大的作用。而且，技术进步对经济增长的贡献正变得越来越大，生产越发展，越依靠技术进步。

新古典经济增长理论虽然向人们证实了技术进步对经济增长的重要作用，但是该理论认为技术进步是经济体外的外生因素，没有认识到技术是生产的投入要素。以罗默为代表的内生经济增长模型突破了新古典增长理论关于技术外生的假定。新经济增长理论将技术进步作为内生增长的来源，认为知识和生产要素本身就是一个生产投入要素，强调经济增长是经济系统内部力量作用的结果。

经济学的各种理论研究表明，技术创新能够有力地推进经济增长。区域技术创新能力依靠创新系统的良好运作，区域创新系统通过提高区域技术创新能力来推动区域经济增长。

7.2 区域创新系统技术选择机制

区域技术创新在推进区域经济增长的同时，也带来了区域环境恶化和资源耗尽，影响了区域可持续发展。随着对经济、社会和自然环境可持续发展问题研究的不断深入，人类达成了一种共识：资源与环境的退化主要是由于技术手段的不合理应用造成。因此，区域创新系统应当具有选择机制，从各种技术中选择可持续发展技术，促进区域经济、社会和自然的协调发展。可持续发展技术是既有利于提高人类生活水平，又有利于环境保护和资源利用的技术。但是由于技术本身的特点和经济因素，技术选择将面临以下的阻力。

首先是技术范式。技术范式是指技术沿着一定的规则和结构发展。由于技术发展是沿着技术轨迹进行的，容易出现技术系统对技术变革的阻碍。比如汽车技术一直沿着以燃油为能源的轨迹发展，虽然已经研制出以电池为动力的汽车，但要改变原有的汽车技术发展轨迹相当困难。

其次是市场因素。企业往往是以利润最大化为最高目标，进行边际收益与边际成本的比较分析以指导决策实践的。如果市场上存在约束消费者选择绿色产品的因素，或者厂商运用绿色技术、提供绿色产品的市场基础不存在了，企业在选择技术创新的模式和方向时，在利润最大化的约束下往往不会选择绿色技术创新方式。

最后是转换成本。当消费群体发生变化时，采用不灵活技术的企业在采用新技术时将面对较高的转移成本。因此，即使市场拥有对可持续发展技术的需求，由于企业转变技术会面临很高的转换成本，有时甚至是全新的技术转变，企业为了保持其现有的竞争优势，不会愿意采取新的技术进行生产。

为了促进区域可持续发展，区域创新系统必须针对造成技术选择的阻力，建立相应的功能，增强对可持续发展技术的选择机制。但是为了面对日益严重的环境危机，社会必须能够处理不断变化的信息、知识以及环境问题，技术创新系统必须具有一定的灵活性，以选择有利于环境发展的新技术，减少企业由于技术轨迹的改变造成的损失，促进企业选择有利于环境保护的绿色技术。

因此，政府应当增加对绿色技术创新的政策扶持，增强对绿色技术和产品的税收优惠和对非绿色技术和产品的税收，从经济角度为企业从事绿色技术创新提供市场存在的基础，减少企业由于选择绿色技术造成的技术轨迹改变而增加的运营成本。许多绿色技术创新需要相应的产业共性技术的支持，由于共性技术的外部性，市场难以为企业绿色技术创新提供广泛的共性技术支持，政府除了对企业选用和从事绿色技术创新提供经济上的优惠政策外，也应当为企业从事绿色技术创新提供较良好的产业共性技术。企业在这些产业共性技术的支持下，能够加快绿色技术创新的速度，减少技术创新的成本，最终降低由于技术轨迹转换而造成的营运成本，促使更多的企业选择绿色技术创新。

政府依靠经济手段和为企业提供共性技术这两个措施，能够有效减少企业选择绿色技术创新造成的损失，增强区域技术创新对技术选择的灵活性，使技术轨道沿着有利于可持续发展的方向进行。

7.3　区域创新对可持续发展观念的培养

除了政府的经济政策、技术政策外，市场对绿色技术和环境保护的需求也会促进企业选择绿色技术创新。在区域创新系统中，技术和社会需求共同推进技术创新，这就要求创新系统根据技术、文化和创新目的变化而变化。在可持续发展方面，人们往往较为重视生产方面而忽略了需求方面对可持续发展的影响。需求对可持续发展具有同等重要的作用，选择何种产品依靠个人偏好、其他消费者的行为以及可持续发展产品的经济性。消费者个人观念抉择的积累会改变企业的技术发展方向，消费者的观念通过市场压力改变企业的观念，从而促使企业选择环保技术从而对环境产生影响。

教育系统作为区域创新系统的一个子系统，在培养公众可持续发展的消费观念上具有重要的作用，同样媒介宣传对人文社会环境的影响也同样能够改变公众的消费观念。通过教育和媒介可以改变消费者的消费行为，树立环保意识，可持续的发展观点是当前高校教育的重点。环境教育有利于提高区域公众的环境意识，环境意识的提高能够引导市场和公众沿着可持续发展的轨道前进，促使政府制定正确的发展政策，从而有效解决环境问题。

区域创新系统中的教育系统可以培养公众的环境保护意识，改变公众的消费习惯，使公众的消费习惯与可持续发展相一致，通过需求迫使企业采取有利于环境保护绿色技术，提高区域的可持续发展水平。根据世界银行研究，识字率高的地区对环境污染事件的投诉率高。因此，良好的教育水平，有利于提高公众的文化素质，提高人们的环境保护认识的程度，并能够促使公众采取正当的手段保护生存环境，促进区域可持续发展。

通过媒介宣传能够培育良好的区域人文环境。通过媒介的宣传，公众能够树立起良好的消费观念，改变浪费资源和损害环境的消费观，从而促进对环境友善的绿色技术和产品的需求，促进企业从事绿色技术创新。同时，媒介的舆论监督功能对不采用绿色技术的企业造成强大的社会压力，迫使企业采取绿色技术创新。

绿色消费观是人类谋求与大自然和谐相处而产生的新的消费价值观。绿色消费价值观能够促使企业从事绿色技术创新，推动经济可持续发展。但是，绿色消费观念的培育不是一蹴而就的，需要教育和媒介等多方面进行长期的努力。

7.4　区域创新系统对绿色技术创新的推动

随着环境问题的逐渐严重，人类与环境协调可持续发展的观念引起了人们的注意。20 世纪 70 年代以来，许多学者的研究都认为技术在解决环境问题中是不可缺少的。当代环境问题呼唤生态友善技术与绿色技术的诞生。从根本上来说，绿色技术创新是实现可持续发展的核心手段，为了扩大资源的存量以及广义经济系统对废物的容量，技术范式必须向有利于环境的方向发展。为了实现企业的绿色技术创新，企业和其他研究结构应当从事无污染和减少能源消耗的绿色技术开发，以减少环境恶化和节约有限的不可再生资源。

在市场经济的条件下企业以追求利润最大化为其经营目标，这时的市场作用不能保证环境资源的可持续利用。由于环境问题的外部性，政府建立的环境保护法律和经济手段、企业绿色技术创新的产业共性技术平台、公众对有利于环境保护产品的需求，以及良好的社会和文化监督机制等能够约束企业技术创新行为，使企业技术创新范式向有利于环境的方向发展，促使企业采取有力于环境保护的绿色技术创新，从而推动区域的可持续发展。

由于产业共性技术和环境保护问题的外部性，企业进行绿色技术创新所依赖的产业共性技术平台不能由企业单独建立，需要政府在此过程中协调大学、企业和研究机构，共同构建企业绿色技术创新的产业共性技术平台。这时，区域创新系统可以发挥其功能，促进产、学、研之间的合作，推动共性技术的研究开发。同时，由于可持续发展的要求以及公众可持续发展观念的树立，大学和研究机构会将研究侧重于对环境友善技术的开发，通过产、学、研合作，构建共性产业技术，推动企业绿色技术创新。

区域经济的可持续发展促进了区域经济的增长，为大学、企业和研究机构提供了更多的研究开发经费，增强了技术创新的财力资源。同时，经济的发展为教育的发展建立了良好的经济基础，教育的发展为企业从事研究开发和技术引进提供了人才资源。技术创新人力和财力的增加将促进产业共性技术的开发和企业绿色技术创新，从而推动区域经济可持续发展，使区域发展走上良性循环的轨道。

7.5 区域创新系统与产业结构的关系

可持续发展要求产业结构合理化、高度化，形成能够发挥资源禀赋比较优势的产业结构和发展环保产业。以高投入和高消耗为特点的粗放型生产方式在促进经济增长的同时，也必然消耗大量自然界不可再生资源并造成对环境的破坏，因此必须将粗放型生产方式转化为集约型生产方式，通过提高和优化产业结构，促进区域可持续发展。技术进步是产业结构调整和优化的重要途径，产业结构优化实质上是产业间生产要素配置的优化。

技术进步能够改变和影响需求结构，从而使产业结构发生变化。加强区域技术创新能够有力推进区域的科技水平，有利于充分发挥科技在区域经济增长中的重要作用，促进区域高新技术产业的发展和推进传统产业的改造和升级，最终实现资源的优化配置和提高资源的利用效率。高新技术的发展，必然促进知识密集型、附加值高、自然资源消耗少的产业迅速发展，促进产业结构由低层次向高层次演进，推动第三产业的迅速发展。随着技术的发展，特别是环保技术的发展，在国家环境保护政策的约束下，对环境保护产品的需求越来越大。可持续发展要求企业进行清洁生产。环境技术发展是企业从事清洁生产的前提，这将推动以环保技术为基础的环境产业的迅速发展。

区域创新系统的良好运作能够有效提高区域的技术创新能力。通过技术创新，可以增加产品品种、改善产品质量和提高能源的利用效率；同时，推动产业结构升级的共性技术、关键技术和配套技术的开发，提高制造水平，为制造业提供先进高效的技术设备，加快产业结构的升级。通过高新技术的发展，特别是信息技术的发展，能够有效带动工业化水平。同时，高新技术的发展必然带动与之配套的信息、金融、法律和咨询等服务业的发展，促进第三产业的发展和产业结构升级。

区域技术创新推动技术进步，从而促进产业结构的不断升级。高新技术产业和第三产业的迅速发展，以及高新技术对第一和第二产业的改造，优化了区域的产业结构，使区域的产业结构更加合理。产业结构的升级和改变，能够促使区域经济由粗放经营转化为集约经营、减少资源的消耗、保护区域环境和提高经济效益，从而促进区域可持续发展。

7.6 区域创新系统与可持续发展的关系

区域创新系统与区域可持续发展的关系虽然错综复杂，但是通过上述的分析，区域创新系统同区域可持续发展的关系如图 7-1 所示。

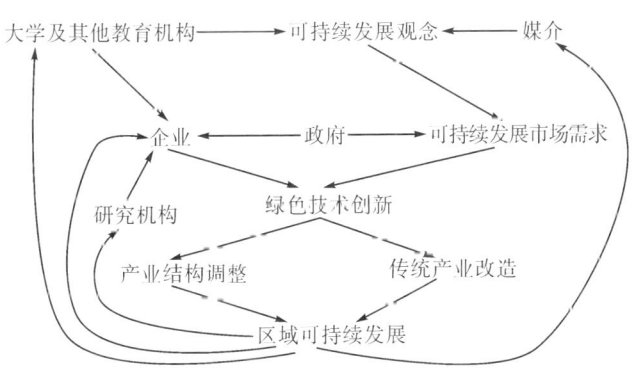

图 7-1 区域创新系统与区域可持续发展关系

如图 7-1 所示，在区域创新系统中，大学和研究机构通过同企业的交互作用，为企业提供人才和技术，知识和技术由公共研究机构向企业流动，增强了企业的技术创新能力。政府鼓励技术创新的政策，促使企业增强了研究开发人力和财力资源的投入，从而增强了技术创新能力。教育机构和媒介对可持续发展观念的宣传，提高了公众的环境保护意识，促使公众可持续发展观念的形成。政府的环境保护政策以及可持续发展的消费观，产生和促进了可持续发展的市场需求。在政府环境保护政策和绿色技术创新的市场需求的共同作用下，促使企业在技术创新过程采取有利于环境保护的绿色技术创新。绿色技术创新推动了传统产业的改造和产业结构的调整，促进区域经济增长和环境质量的改善，最终促进区域可持续发展。区域经济可持续发展又会为大学、企业和研究机构从事技术开发提供充足的研究开发经费和人力资源，同时区域可持续发展也会推动区域教育和媒介对可持续发展观念的培育，这些又会促进企业绿色技术创新，从而形成区域经济可持续发展的良性循环。

8 北京地区新材料企业技术创新过程实证研究

企业的技术创新过程涉及创新构思的产生、创新源的开发与激励、研究开发、工程设计与制造、用户参与及市场营销等一系列活动。这些活动在技术创新过程中相互作用,并决定企业技术创新成败和技术创新水平的高低。

根据北京新材料产业发展报告,北京地区材料产业的销售收入占全市工业销售收入的29.54%,对北京工业发展具有重大的作用。在从传统材料产业向新材料产业转移过程中,新材料企业必须按照市场经济规律,依靠技术创新,不断提高产品的性能和工艺水平,增强企业国际竞争力,才能使传统材料产业向高技术、高性能和高附加值的新材料产业转移顺利进行。

鉴于新材料产业发展对北京的重要意义,以北京典型新材料企业有研硅股和中科三环的技术创新过程为例,研究制约企业技术创新的瓶颈因素,对北京市政府制定今后的技术创新政策具有重要的意义。

8.1 研究新材料企业技术创新过程的基本方法

不同的产业有着自身技术创新的特点,研究企业技术创新必须同国内外同行业领先企业的技术创新过程进行比较和分析,才能够发现企业技术创新过程中存在的问题。这样,有助于政府认识到企业技术创新过程中存在的差距,制定相应的政策措施,提高企业技术创新水平,增强企业国际竞争力。

根据创新系统的观点,企业的技术创新过程不是孤立进行的。在技术创新过程中,企业同政府、高等学校、研究机构和上下游企业不断进行信息、技术和人才的交互作用。研究企业技术创新过程应当从创新系统的角度出发,研究企业在技术创新过程中同其他机构的交互作用关系,发现制约企业技术创新的瓶颈因素并提出相应的政策建议。

本部分从以下两方面研究企业的技术创新过程。

从企业角度出发,建立企业技术创新过程模型,比较所研究的两家企业同国外领先企业技术创新过程的特点,分析两家企业技术创新过程中存在的问题。

从区域政府的角度出发,将企业技术创新过程放在区域创新系统中,结合创新系统的观点,研究企业创新过程,分析企业在技术创新过程中存在的瓶颈因素。根据政策工具,提出解决企业技术创新过程中存在问题的政策建议。

8.2 研究企业技术创新过程模型

从美国学者阿伯内西(Abernathy)和厄特巴克(Utterback)在对以产品创新为主的持续创新过程研究中,于20世纪70年代提出的 A-U 创新过程模型开始,研究企业技术创新过程。到现在为止,按照模型所包括的维度,主要分为三种技术创新过程模型。

8.2.1 技术创新过程模型的发展

A-U 模型认为成功的企业技术创新经过如下三个阶段：

（1）变动阶段。在这个阶段出现多种多样的产品创新，企业的主要目标是通过产品创新，率先向市场推出最具吸引力的产品，以期占领市场。在该阶段产品创新的频率高于工艺创新频率。

（2）过渡阶段。在这个阶段，产品不断被改进，以适应用户的需求，占领更多的市场，这时工艺创新的主要目的是廉价大规模生产。

（3）特定阶段。在这个阶段，产品已经定型，企业进行工艺创新主要目的是提高产品的质量和降低产品成本。

技术创新的 A-U 模型认为工艺创新落后于产品创新。

我国学者许庆瑞等人在研究中国企业的技术创新过程时，提出了技术创新的 3-I 模型。该创新模型认为许多企业技术创新不是由产品创新开始，而是开始于工艺创新。

3-I 技术创新过程模型将创新过程分为以下六个具体阶段：

（1）技术分析阶段。从技术和市场方面调查和进行可行性研究。

（2）技术获取阶段。获得技术或设备。

（3）模仿阶段。掌握获得的技术和设备，并能操作。

（4）适应阶段。使获得的技术和设备适合本企业的生产。

（5）提高阶段。改进获得的技术和设备，提高技术水平。

（6）创新阶段。进行自主创新，使工艺水平提高，接近或达到世界领先水平。

由于技术创新过程的复杂性，除了技术因素外，市场因素对技术创新过程也起到重要的作用。因此，阿伯内西等人认识到技术创新对企业生产系统的影响，以及技术创新与市场之间的关系是企业技术创新过程的重要方面，提出了技术创新 ACK 跳跃矩阵模型。ACK 模型考虑了技术创新过程中技术和市场相互作用的关系，同时也包含了技术创新过程的 A-U 模型，是对 A-U 创新过程模型的完善和发展。

在企业技术创新过程中存在两种信息处理过程，将不确定的信息转化为确定信息的过程和将忽略信息转化为掌握信息过程。信息不确定表明信息本身不存在，信息确定表明信息被企业掌握；信息忽略是信息存在，但是企业不知道，当企业知道忽略的信息转化为企业已知信息时，这时忽略信息变为企业已知信息。

正是认识到信息在企业技术创新过程的重要作用，达格福斯和怀特提出了以产品创新为基础的技术创新三维模型。三维技术创新模型强调产品创新、市场和创新过程中信息搜集和分析间相互作用的关系在企业技术创新过程中的重要作用，能较为全面地分析和比较企业技术创新过程。他们认为在技术创新过程中，有三个主要的过程同时进行，并决定创新是否成功。这三个过程是：首先，将新技术结合到产品中，推出市场接受的新产品；其次，将新产品推向市场；最后，不断获得有关技术创新的信息。这三个过程构成了技术创新过程三维模型的三个维度，每个维度的阶段划分如下所示：

（1）产品创新阶段。根据怀特和格拉哈姆（Graham）对产品创新过程的划分，产品创新从初始发明阶段到成功创新阶段，主要由以下四个阶段构成。

发明阶段：根据科学原理或组合现有科学原理，提出新产品的技术原理。

技术体现阶段：根据发明阶段的技术原理，制成新产品。

运作阶段：综合财力、制造、物流和客户服务，使新产品进入市场。

市场进化：同客户共同提高产品性能，扩大产品的使用范围。

（2）市场应用阶段。从用户需求定义到新产品成功投入到市场，主要由以下四个阶段构成。

需求定义：由市场需求导入创新概念。

市场拓展：将新产品推向市场。

市场扩大：新产品市场份额不断扩大，产品渗透到新的应用领域。

市场进化：同客户合作，共同开发新市场。

（3）信息获取阶段。企业在技术创新过程中的信息处理和加工过程可以分为以下四个阶段。

可信阶段：为创新可能成功进行初步信息分析和收集，表明创新可能会成功，但是不能表明创新一定会成功。

确信阶段：进行更多信息收集，同时对这些信息分析表明创新是可能成功。

计划阶段：所需的信息收集完成，在分析的基础上，表明创新能够成功。在此基础上制定创新计划。

优化阶段：拥有广泛的信息，这些信息为创新如何取得成功指明方向。以最短的时间和最优的成本，完成技术创新。

8.2.2 研究企业技术创新过程模型的评述

正如达格福斯（Daghfous）和怀特（White）所指出的那样，A-U创新过程模型只考虑产品和工艺创新随时间变化的情况，而忽略了企业本身的生产状况和市场活动对技术创新的影响。许庆瑞等提出的3-I创新过程模型同A-U模型存在同样的问题。

达格福斯和怀特在对二维创新模型的评述中指出，二维创新模型虽然考虑到技术和市场等因素对技术创新过程的影响，比一维技术创新模型能更好地描述技术创新的过程，但是却忽略了技术创新过程中信息的重要作用。

正是对于 A-U 模型和二维技术创新模型在分析创新过程的缺陷，达格福斯和怀特提出基于产品创新的三维创新过程模型，并对苹果电脑和波音飞机的创新过程进行分析，取得了较好的效果。

但是，由于发展中国家许多技术创新不是始于产品创新，而是开始于工艺创新，而且许多产业由于自身的技术特征，技术创新中工艺创新对企业也是先于产品创新。比如材料工业，由于合成加工在材料的生产和制造中的重要作用，对材料生产的工艺和设备进行创新就显得尤为重要。

达格福斯和怀特提出的三维创新模型是基于产品创新而建立起来的，对于分析以工艺为主的新材料企业技术创新过程并不适用，因此要对其进行改进，建立一种基于发展中国家立场的技术创新理论来揭示发展中国家技术创新的规律性和动态性，以便对北京新材料企业技术创新过程进行分析。

8.3 基于工艺创新的企业技术创新模型

材料的使用性能是由材料的各种物理和化学性质所决定，材料企业的关键是生产出具有高性能的材料，以满足社会生活和经济需求。材料的性能和使用性能取决于结构和成分，而结构和成分又是材料合成和加工的结果，合成和加工是制造过程中提高生产质量、降低产品成本的关键，对于把先进的材料推向市场极为重要。因此，材料企业在提高材料性能的创新过程中，对工艺创新比产品创新更为重要。在材料的创新过程中目的是很明确的，主要是不断提高产品的性能。比如单晶硅，各种参数都由美国国家半导体协会公布，单晶硅的生产企业在产品创新的过程中有着很明确的方向，关键是不断改进单晶硅的生产工艺，生产直径更大，性能更高的单晶硅。在合成加工的过程中，机器和设备是生产工艺中的关键要素。

  对有研硅股和中科三环两家新材料企业的研究发现，两家企业在重大产品创新后，围绕核心技术不断实施渐近产品创新，依靠工艺创新不断提高材料的性能和降低成本，企业研究开发的投资重点也由产品创新为主转向改善工艺流程和扩大企业的生产规模，以期不断扩大产品的市场份额。以中科三环的稀土永磁钕铁硼材料创新过程为例。中科三环在得知日本住友特殊金属公司研制成磁能积高达 36 兆高奥的稀土永磁材料后，凭借其在稀土——铁系磁晶材料研究上的多年经验，通过自主创新，不断摸索配方，改进工艺，终于在 1984 年 2 月在实验室生产出磁能积高达 38 兆高奥的稀土永磁钕铁硼，并由此获得国家科技进步一等奖和科学院科技进步一等奖。为了降低成本，尽早实现产业化，同年 5 月，以国产低纯钕为原料，磁能积高达 41 兆高奥的低纯度稀土永磁钕铁硼研制成功。为了实现产业化生产，中国科学院联合多家研究机构，成立了中科三环公司，向科技成果产业化迈出了关键的一步。为了加强工业生产经验，中科三环与宁波磁性材料厂进行合作中试研究，使稀土永磁钕铁硼的大规模生产取得成功。随后在政府的支持下，中科三环与宁波磁性材料厂合作，从美国引进三台大型设备，使生产能力达到 40 吨，成为中国第一个钕铁硼生产和出口企业。在此之后，中私三环通过合资和收购等多种形式，陆续建立多家企业。经过十多年的努力，中科三环已经成为世界排名第五的钕铁硼生产企业，产品约占世界市场的 10%。中科三环的市场销售模式为根据钕铁硼产品的性能建立客户网络，然后按照用户需求，生产用户所需的钕铁硼产品。

  由于创新的方向在材料创新中比较明确和工艺创新在材料

制造中的重要作用，根据调查与许庆瑞等人对二次创新的研究，结合达格福斯和怀特的三维创新模型中的产品创新维，将新材料企业技术创新过程分为以下六个阶段，并以稀土永磁钕铁硼创新为例加以说明。

（1）技术的分析和获取阶段：从技术和市场方面调查技术引进的可行性，获得技术或设备（根据研究和分析，决定从美国进口三台生产钕铁硼的大型设备，准备批量生产钕铁硼产品）。

（2）设备购置和安装阶段：掌握获得的技术和设备，并能操作（安装设备，调试）。

（3）适应阶段：使获得的技术和设备适合本企业的生产（使设备适合本企业状况，安装调试成功，生产出合格的钕铁硼产品）。

（4）提高阶段：改进获得的技术和设备，提高技术水平（不断改进工艺水平，生产出多种型号的钕铁硼产品）。

（5）创新阶段：进行自主创新，使工艺水平提高，接近或达到世界领先水平（通过工艺水平的不断提高，现在已经能生产出 N50 和 N48 等用于计算机的高性能钕铁硼产品，产品性能达到世界先进水平）。

（6）合作创新阶段：同用户或供应商合作，进行工艺创新（现在企业可以根据各类用户的需要，生产多种性能和形状的钕铁硼产品）。

有研硅股在 8 英寸（1 英寸 = 2.54 厘米，下同）单晶硅及其抛光片的技术创新过程，也经历了以上六个阶段。

首先，有研硅股根据半导体集成电路技术的发展和未来市场需求，结合企业实际状况，购买单晶拉制、硅片切割、打磨、抛光到清洗的一整套生产设备。通过设备安装和调试，生产出 8 英寸单晶硅及其抛光片。在此基础上，通过不断改进和提高工艺水平，在该生产线上能够生产轻掺杂和重掺杂等多种8英寸硅抛光片。通过自主技术创新，生产出性能更高的8英寸硅抛光片，以适合更小尺寸集成电路的要求。现在通过与首钢NEC合作，通过工艺创新，能够生产满足首钢NEC对边缘轮廓有特殊要求的8英寸硅抛光片。在与其他用户合作过程中，有研硅股能够按照用户的要求对8英寸单晶硅回收片，进行抛光和清洗，满足用户对硅片性能的要求。

由于材料产品性能决定产品的市场，而材料的性能发展有着明确的方向。钕铁硼就是解决"三高"问题（高磁能积、高矫顽力和高剩磁）。比如单晶硅，各种参数都由美国国家半导体协会公布，因此单晶硅的生产企业在产品创新的过程中有着很明确的方向，关键是不断改进单晶硅的生产工艺，生产直径更大、性能更高的单晶硅。因此，材料在创新的过程中，并不像苹果电脑公司那样，必须在不断的试错中了解用户的需求。通过调研发现，在工艺创新过程中，当企业有了明确的市场方向后，企业所面临的市场状况对企业更为重要，因此在工艺创新过程中，将企业的市场状况划分为下述四个阶段。

（1）市场分析阶段：分析国际同行领先企业的市场状况和国内需求。

（2）国内竞争阶段：在国内同国外领先企业产品竞争。

（3）国际竞争阶段：在全球范围同国际领先企业竞争。

（4）市场进化阶段：同客户合作，共同开发新市场。

由于在工艺创新过程中企业依然要不断将不确定信息转化为确定信息，掌握以往忽略的信息，因此按照达格福斯和怀特对企业技术创新过程中不同信息阶段划分，将企业技术创新过程中按照信息量的多少和分析处理程度划分为可信阶段、确信阶段、计划阶段和优化阶段四个阶段。

技术创新阶段、市场发展阶段和信息分析阶段在企业创新过程中同时进行，构成了基于工艺创新的企业创新过程三维模型。

本书强调的信息主要是企业有关工艺创新过程中获得的有关促进工艺创新顺利进行的信息。企业信息的获取过程就是企业不断的学习过程，包括企业从用中学、从干中学、从供应商获得知识、从竞争对手获得知识、从用户获得知识、从研究机构和大学获得知识，这些都是企业获得信息的来源。获得有关技术创新的各种信息后，需要企业对这些信息进行分析和加工，以指导企业技术创新过程的顺利实施。企业从创新的社会网络中获得的信息量的多少也决定了企业对信息和知识加工处理的深度。

由于在工艺创新过程中，企业有着明确的市场方向，市场中基本不存在像产品创新那样的不确定信息，而主要是市场需求量的变化。同时，市场状况是企业面临的客观实际条件，基本不存在与信息搜集与分析的关系。因此，本书在分析新材料企业的创新过程中，着重分析工艺创新过程和市场状况以及工艺创新过程和信息量变化的关系。利用基于工艺创新的三维技术创新模型，比较国内企业之间及其同国外企业技术创新过程特点。在此基础上，分析和指出中科三环和有研硅股两家新材料企业技术创新过程中存在的问题，并提出问题的解决方法。

8.4　国内外材料生产企业技术创新的比较

以工艺创新的六个阶段为横坐标（1~6分别表示工艺创新的六个阶段），以市场竞争状况的四个阶段为纵坐标（1~4分别表示市场状况的四个阶段），将企业工艺创新各个阶段对应的市场竞争状况标到坐标系中，分析工艺创新和市场竞争状况的关系。

同理，以工艺创新的六个阶段为横坐标，以信息量和信息分析的四个阶段为纵坐标（1~4分别表示拥有信息量和信息分析的四个阶段），将企业工艺创新各个阶段对应的信息分析状况标到坐标系中，分析工艺创新和信息分析状况的关系。

企业工艺创新各个阶段对应的市场状况和信息处理情况来自对企业的实证研究，通过对企业负责人的面访，由企业负责人来填写。

8.4.1 国内企业技术创新过程比较

中科三环和有研硅股这两家新材料企业在工艺创新过程各个阶段面临市场竞争状况如图8-1所示。

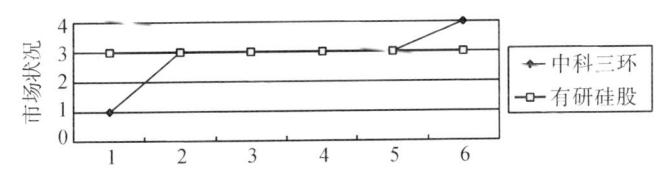

图8-1 中科三环和有研硅股工艺创新不同阶段市场状况的比较

在工艺创新初期，钕铁硼材料刚被研制出来，市场需求的容量还不像单晶硅那样明确，中科三环在进行了市场分析和研究基础上，从美国购买了技术设备。单晶硅技术发展趋势由美国国家半导体协会公布，而且半导体行业的竞争主要为国际市场竞争，所以有研硅股在购买8英寸单晶硅生产设备时，就知道企业今后主要面临的是国际单晶硅市场竞争。

从设备的安装、操作、改进到创新的各个阶段，两家企业都是面临国际市场竞争。

随着中科三环在同国外企业的竞争中技术水平不断提高，企业也能按照用户需求进行工艺创新，生产出用户所需的钕铁硼产品。同时以钕铁硼为核心技术，进行了衍生产品（具有自主知识产权的钕铁硼无刷直流电机等）的开发，拓展了企业的市场。由于集成电路产业决定硅片的发展，有研硅股不存在同用户合作开发新市场的情况。

中科三环和有研硅股两家新材料企业在工艺创新过程各个阶段信息分析和处理状况如图8-2所示。

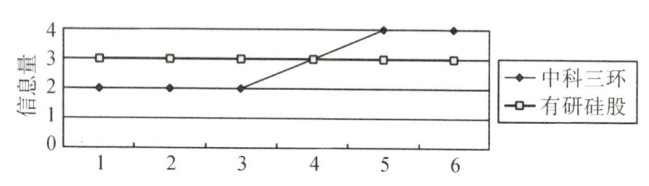

图8-2 中科三环和有研硅股工艺创新不同阶段信息量的比较

企业购买技术设备到设备安装和生产的过程中，中科三环对有关如何操作生产设备生产出合格产品的信息搜集较少，企业在技术创新过程中通过不断的试错获得信息。而有研硅股在此阶段搜集的信息比中科三环全面，并且对搜集到的信息进行了分析和加工。这主要是由于钕铁硼材料刚在市场上面世，设备供应商还没有完全了解生产企业的需求，市场上不存在成套的生产设备，企业只能根据生产需求搜集所需设备的信息，在设备安装和调试过程中不断学习，以获得信息。而单晶硅产业的技术较为成熟，市场上存在成套的生产设备，企业有条件搜集有关各种生产设备的信息，并对各种设备进行系统的比较和分析。

在企业不断提高生产工艺，对生产设备进行改造，提高企业的工艺水平过程中，中科三环不断了解市场设备的供给状况，搜集全面信息，并且对搜集到的信息进行了分析和加工，以指导企业工艺创新。

当企业在对生产流程和工艺改造，进行工艺自主创新的过程中，中科三环能够拥有更多的信息，并通过对信息的处理和加工，为如何提高企业工艺技术水平指明最优的成功方向。有研硅股搜集全面信息，并且对搜集到的信息进行了分析和加工，以指导企业工艺创新。

在对生产工艺同用户合作进行创新过程中，由于不是对获得的生产设备进行不断的改造，而是在已有的设备基础上进行自主创新，中科三环都是对有关创新的信息进行详细处理加工，指明最优的成功方向。有研硅股在对用户提出的特殊要求改进工艺方面，搜集全面信息，并且对搜集到的信息进行了分析和加工，以指导企业工艺创新。

8.4.2 钕铁硼国内外企业技术创新的比较

中科三环和日本住友特殊金属公司两家新材料企业在工艺创新过程各个阶段面临市场竞争状况如图8-3所示。

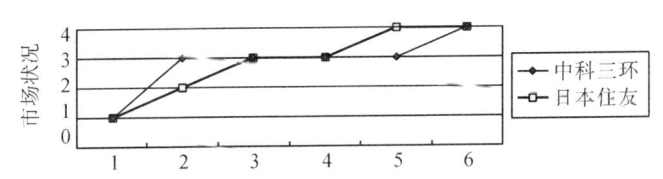

图8-3 中科三环和日本住友工艺创新不同阶段市场状况的比较

钕铁硼材料刚被研制出来，市场需求的容量还不像单晶硅那样明确，所以中科三环和日本住友特殊金属公司同样进行了市场分析和研究，在市场可行性研究之后，购买了技术设备。

在企业安装完设备进行生产的初期，中科三环首先面临的是同国际上领先企业的竞争，而日本住友特殊金属公司主要是先在国内销售其钕铁硼产品。

相对来说，中科三环技术落后于国际领先企业，产品研究以跟踪为主。中科三环在企业建成初期，就面临国际竞争对手强大的竞争压力。

中科三环在不断提高生产工艺，改造生产设备，使其在适合企业状况的基础上，不断地进行自主创新，提高材料的性能。在此期间，中科三环同国际领先企业一样，主要在国际市场上同国际领先企业竞争。

在对生产工艺进行自主创新的过程中，日本住友特殊金属公司就能够根据用户的要求，改进生产工艺，生产出用户所需性能的钕铁硼材料。中科三环在此阶段主要还是同国外企业在国际市场上竞争，工艺自主创新目的依然是维持企业技术的国际竞争力，而不是按照用户需求改进工艺水平。

随着中科三环在同国外企业的竞争中技术水平的不断提高，企业也能按照用户需求进行工艺创新，生产出用户所需的钕铁硼产品。

中科三环和日本住友特殊金属公司两家新材料企业在工艺创新过程各个阶段信息分析和处理状况如图8-4所示。

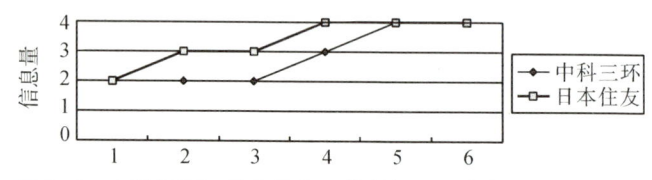

图8-4 中科三环和日本住友工艺创新不同阶段信息量的比较

由于钕铁硼材料刚在市场上面世，设备供应商还没有完全了解生产企业的需求，市场上不存在成套的生产设备，所以两家企业只能根据生产需求搜集所需设备的信息。

从购买技术设备到设备安装和生产过程中，中科三环在如何操作生产设备生产出合格产品方面的信息搜集较少，而是在技术创新过程中通过不断的试错获得信息。而日本住友特殊金属公司在设备的安装和操作等方面搜集的信息比中科三环全面，并且对搜集到的信息进行了分析和加工,技术创新是在信息较为完善的状况下进行的。

在对设备进行改造,使其适合本企业生产实际的过程中,中科三环存在同样的问题。当企业不断提高生产工艺,对生产设备进行改造,提高企业的工艺水平过程中,中科三环全面搜集信息,并且对搜集到的信息进行了分析和加工,以指导企业工艺创新。而日本住友特殊金属公司拥有更多的信息,并通过对信息的处理和加工,为如何提高企业工艺技术水平指明了最优的方向。

在对生产工艺进行自主创新和同用户合作进行创新过程中,由于不是对获得的生产设备进行不断的改造,而是在已有的设备基础上进行自主创新,两家企业都对有关创新的信息进行了详细处理加工,以指明最优的方向。

8.4.3　8英寸单晶硅技术创新过程比较

有研硅股和美国MEMC电子材料公司这两家新材料企业在工艺创新过程各个阶段面临市场竞争状况如图8-5所示。

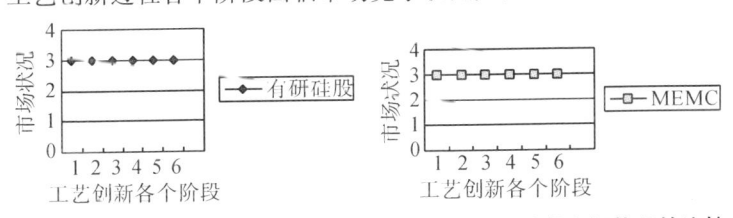

图8-5　有研硅股和美国MEMC公司工艺创新不同阶段市场状况的比较

半导体产业是国际性产业。半导体器件的市场状况对单晶硅市场有着较大的影响。美国国家半导体协会公布了单晶硅的各种技术参数,使单晶硅的生产企业在产品创新的过程中有着明确的方向,关键是不断改进单晶硅的生产工艺,生产直径更大、性能更高的单晶硅片。世界各单晶硅的生产企业,从制造单晶硅开始就面临国际市场的竞争。由于单晶硅的技术参数有国际标准的制约，不存在用户和生产企业共同开发新市场的问题。用户和企业的合作主要是为企业在生产工艺上提供竞争对手和设备供应商的信息，帮助企业进行工艺创新。因此，有研硅股和美国 MEMC 电子材料公司在工艺创新的各个阶段面临相同的市场竞争环境，同样处于国际市场竞争之中。

有研硅股和美国 MEMC 电子材料公司两家新材料企业在工艺创新过程各个阶段企业信息分析和处理状况如图 8-6 所示。

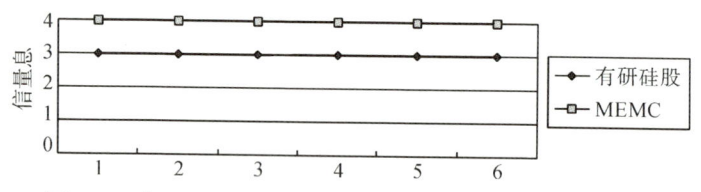

图 8-6　有研硅股和 MEMC 工艺创新不同阶段信息量的比较

在企业进行工艺创新的各个阶段，美国 MEMC 公司搜集的信息量不但比有研硅股丰富，而且对信息的加工处理也比有研硅股深入。美国 MEMC 公司对有关创新的信息进行了详细处理和加工，指明了最优的方向。有研硅股相对国际先进单晶硅的生产企业技术滞后，有许多经验可以借鉴，国外先进企业的技术创新为有研硅股指明了最优方向。有研硅股对有关信息的分析和加工也不如国外领先公司。在这一点上，有研硅股应当学习国外企业，在技术创新过程中对信息进行深入处理和加工，加快技术创新速度，提高技术创新的水平，使单晶硅的生产技术尽快达到世界先进水平。

8.5 政府角度技术创新过程模型的发展

科学地制定技术创新政策，必须有科学的技术创新理论为指导。随着人们对技术创新过程认识的不断深化，指导技术创新政策的理论模型也在不断的变化和发展，这些理论模型为正确制定技术创新政策提供了有益的帮助。

线性创新模型认为科学研究产生技术，技术满足市场需求。该模型认为从基础研究到应用研究，再从应用研究到技术的商业化应用是一个没有反馈的平滑过程。

随着人们对技术创新过程认识的不断深入，Kiline 和罗森伯格（Rosenberg）提出了以设计（而不是以研究）为中心，包含多重反馈回路的技术创新过程链环创新模型。该模型除了强调创新过程中的非线性，还表明了创新行为是一个复杂交互作用的网络。

世界经济合作与发展组织在于 1997 年发布的《国家创新体系》(*National Innovation System*) 中指出：创新绩效在很大程度上依赖于这些行为者在作为知识生产和使用的合作系统中的元素是如何相互关联，以及它们使用何种技术。这些行为者首先是企业、高校、公共研究机构及其人员。它们的联系多种多样，可以是共同研究、人员交流、交叉专利、购买设备以及许多其他渠道。在创新系统中，各种机构在科技发展中的联系和关系能够有效解释国家的知识配置能力，这被认为是经济增长和提高竞争力的决定因素。

因此，企业技术创新过程并不是孤立进行的，企业的技术创新是在其所处的区域和国家创新系统中完成的。政府要了解企业技术创新行为，就要从创新系统的角度来研究企业技术创新过程，下面首先建立基于创新系统的企业技术创新过程分析模型。

8.5.1 基于创新系统的企业技术创新过程模型

根据创新系统理论和 Papinniemi（1999）提出的过程创新的基本模型，结合对两家上市公司技术创新过程的调查，企业技术创新过程可以用下述模型表示（如图 8-7 所示）。

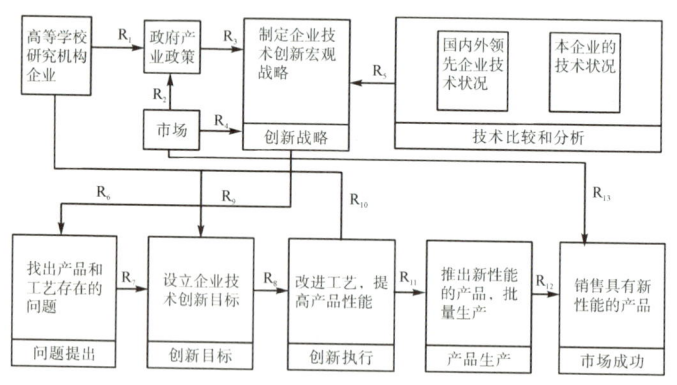

图 8-7 基于创新系统的企业创新过程模型

从图 8-7 可以看出，政府根据高等学校、企业和研究机构的建议，结合市场状况和国家产业发展战略制定产业政策。R_1 和 R_2 这两个环节直接影响产业政策制定，充分考虑企业、高等学校和研究机构技术现状，人力资源状况和市场发展趋势的产业政策能够指导企业制定正确的技术创新战略目标。

企业根据国家产业政策和市场状况，结合企业实际技术状况和国际领先企业的技术状况，提出企业技术创新战略。在此过程中，R_3、R_4 和 R_5 这三个环节影响企业制定技术创新战略目标。

企业根据技术创新战略，找出现在产品和工艺存在的问题，该环节为 R_6。

企业根据产品和工艺存在的问题,以及企业可以利用外部人才和技术资源(这些资源主要包括大学、研究机构和设备供应商等外部机构),结合自身的人才和技术状况,建立企业技术创新的目标。企业在创新目标制定过程中,不但要考虑自身的人才和技术状况,也要考虑外部可以利用的人才和技术资源。R_7和R_9这两个环节决定企业技术创新目标。

在企业技术创新目标指导下,企业改进工艺流程、提高产品质量,该环节为R_8。企业技术创新不但要依靠自身的人才和技术,还需要利用外部的人才和技术资源。外部技术创新资源对企业技术创新执行具有重要作用。外部资源对企业技术创新执行的支持为环节R_{10}。

企业根据新技术和工艺流程,批量生产具有新性能的产品。技术创新是否顺利执行,决定是否能够生产具有新性能的产品,该环节为R_{11}。

企业技术创新最后阶段是在市场上销售创新产品,市场是否能够取得成功取决于产品性能和市场状况。R_{12}和R_{13}这两个环节直接影响企业技术创新是否能够最终取得成功。

8.5.2 从创新系统角度对两家企业技术创新过程的分析

产业政策的制定应当是政府结合高等学校、研究机构和企业的建议,依据市场发展和国家战略需要而制定的。但是在材料产业政策的制定过程中,企业所起到的作用较小,市场状况也往往被忽视。企业不能积极参与国家产业政策的制定,只能等待国家产业政策的出台,这样的产业政策往往忽略企业和市场。企业为了得到资金和其他的优惠政策,只能使自己的技术创新政策符合国家产业政策,而不是推动国家产业政策,造成了企业技术创新脱离市场要求和企业的实际状况。以8英寸硅片的生产为例,国家制定发展8英寸硅片产业政策时,国际上8

英寸硅片已经成为主流产品。虽然，国际上对 8 英寸硅片的需求增长较快，但是市场竞争也逐渐激烈，利润减少。由于半导体产业主要为国际市场竞争，使 8 英寸硅片直接就面临国际市场的激烈竞争，企业很难从 8 英寸硅片中获得利润，创新难以获得最终的成功。"九五"期间，中科三环先后承担和实施了稀土永磁重大攻关项目计划、国家科委 863 计划重大项目，以及承建国家计委主持的磁性材料国家工程中心等，成立了宁波市磁性材料研究发展中心和磁性材料国家工程研究中心。"十五"期间，继续承担国家 863 项目。通过持续不断的技术创新，中科三环成功开发了 N50、N48 和 N45 等系列产品，在国内处于领先地位，同时也接近国际先进水平。由于国家有关钕铁硼的产业政策同钕铁硼发展趋势相一致，符合钕铁硼发展的市场要求，使得中科三环的钕铁硼磁性材料方面具有一定的规模和技术优势，走出了具有特色的产业化道路。对于 8 英寸硅片发展来讲，有关企业技术创新过程的 R_1 和 R_2 环节较弱。

国家产业政策、市场状况和企业自身技术影响企业技术创新战略的制定。由于国家将 8 英寸硅片作为半导体产业的发展重点和当时 8 英寸硅片国际市场前景看好，同时由于有研硅股在硅片生产上具有一定的技术优势，有研硅股将 8 英寸硅片作为企业技术创新的战略之一。中科三环由于国家将高档钕铁硼作为产业化的重点，根据高档钕铁硼良好的市场前景和企业在钕铁硼方面的技术优势，将发展高档钕铁硼，并在产品性能上达到和超过国际领先水平作为企业技术创新的战略。从两家企业技术创新战略制定来看，两家企业的技术创新战略都符合国家产业政策和企业技术特点，但是由于国际市场半导体产业市场下滑，使企业在建成 8 英寸硅片生产线的同时，就面临激烈的国际市场竞争，难以摆脱行业困境。中科三环由于国际钕铁硼市场全面景气，市场状况较好，企业产品销售顺利。R_4 整个环节不是固定不变的，而是处于不断变化之中。企业技术创新目标和国家产业政策的制定必须将市场作为一个不断变化的因素来考虑，加强市场分析和预测工作。

企业根据产品和工艺存在问题，按照自身技术状况、设备供应商提供的设备和技术支持状况，以及研究机构和高等学校可利用的人才和技术状况来设立企业技术创新目标。通过利用内部和外部技术和人才资源，进行企业技术创新，提高生产工艺和产品质量。但是在此过程中，由于高等学校和科研机构不能培养企业所需的人才，并且其从事的研究开发活动同企业脱节，企业较难利用其提供的技术和人才。比如有研硅股特别需要精通 COP（晶格缺陷）计算机模拟方面的人才，但是国内了解这方面技术的人才几乎没有，这直接影响企业创新目标确立和创新执行。由于企业规模较小，设备供应商也不愿同企业进行合作技术创新。中科三环认为，高等学校和研究机构的技术由于工艺性差，企业技术创新主要靠企业自身来完成。高等学校和研究机构在同企业的技术合作中，由于成果归属和利益分配等问题，也造成了企业不愿意同其进行合作研究。在创新过程中，R_9 和 R_{10} 这两个环节出现的问题较多，在企业技术创新过程中较弱，而 R_7 和 R_8 这两个环节没有问题。

企业通过技术创新，改进了产品性能，生产出了具有新性能的产品，完成了其技术创新的目标。有研硅股生产出 8 英寸硅片，中科三环使其烧结钕铁硼产品的档次迅速提升。8 英寸的硅片生产线虽已建成，但尚未能跨越大规模生产的工艺障碍，实现规模生产，而中科三环将科技成果产业化的三个重要环节——科研、生产和市场紧密连接起来，完成科技成果产业化，并能够大规模生产钕铁硼产品。由于同国外企业技术差距较小以及国际钕铁硼需求量迅速提高，中科三环在新产品市场销售方面的问题较小。有研硅股由于企业技术同国外领先水平差距较大,大规模生产的工艺问题有待解决,国内 8 英寸硅片无论从技术水平还是市场状况来看都不容乐观,生产量达不到设计能力,产品销售状况也不理想。R_{11}、R_{12} 和 R_{13} 环节的较弱将直接影响企业技术创新最终获得成功。

8.6 影响北京新材料企业技术创新的主要因素及其分析

通过 8.4 和 8.5 这两节的分析,结合对上述两家企业的调研和访谈,可知影响企业技术创新的主要因素主要有以下六点。

8.6.1 市场竞争压力造成企业技术创新较难获得市场成功

我国企业主要处于跟踪世界先进水平的地位,当企业将创新产品投入到市场初期,就面临国际市场强大的竞争压力,获利较为困难,这影响了企业技术创新持续进行。企业为了生存和发展,只好将市场竞争的重点放在低端和国内产品市场,很难依靠已有的技术同国际先进企业在高端产品线进行竞争。例如单晶硅,有研硅股主要生产 6 英寸、5 英寸和 4 英寸单晶硅抛光片,其中 4 英寸和 5 英寸抛光片的月产量在 7 万片左右,但订货量在 10 万片左右,处于供不应求的状况。虽然能够生产 8 英寸单晶硅抛光片,由于其国外市场竞争激烈,国内使用 8 英寸硅片的集成电路厂家较少,市场开发十分困难,生产一直处于不饱和状态,产量较小,没有达到规模化生产水平。我国的烧结钕铁硼的产量虽然超过了日本,但是我国钕铁硼产品的性能和生产水平与国外相比有一定的差距,产品以中低档为主,而国外产品以高档为主。

8.6.2 企业信息搜集和加工能力较弱

企业技术创新的过程也是企业不断消除不确定性信息和克服忽略信息的过程，企业在技术创新过程中应当尽可能搜集全面的信息，并用科学的方法对信息进行处理和分析，这些都有助于企业技术创新的成功。国内企业在技术创新过程中，相对国外领先水平企业来比，不但信息搜集量相对国际领先企业不足，而且对有关技术创新信息的处理和加工的深度不够。这就增加了技术创新过程的盲目性，阻碍了技术创新过程的顺利进行。而企业有关技术创新的信息搜集就是企业的学习过程，企业在向其所处的创新网络获取知识和信息的能力，与企业本身的技术水平密切相关。除企业自身研究开发能力外，政府政策不是以企业为导向，也是造成国内企业信息搜集和分析能力较差的原因之一。以 8 英寸单晶硅技术创新过程为例，MEMC 电子材料公司等国外技术领先企业，自主研究开发强，在研究开发中以市场为导向，因此在技术创新过程中注重信息的分析和处理。有研硅股由于研究开发能力相对较弱，在研究开发中较强的依靠政策导向，对市场的考虑放在政策之后。因此企业在技术创新过程中，紧盯政府政策，即使经过信息分析认为技术创新能够成功，也必须看政府产业政策，有时甚至是等待政策扶持。这就造成有研硅股相对国际领先企业来讲，不注重信息的分析和加工，影响了企业技术创新能力。

8.6.3 技术差距过大影响企业市场开拓

中科三环能够批量生产 48N 和 50N 的钕铁硼产品，与处于国际先进水平的 52N 和 53N 相差不多，技术差距较小。现在虽然 8 英寸硅片为市场主流，但是由于市场竞争激烈，价格压力使企业获利困难，使有研硅股把重点放在 4 英寸和 5 英寸等低端产品上。虽然有研硅股能够制作12英寸硅单晶并从中获利，但是由于12英寸硅片厂投资规模较大，约为8英寸硅片厂的2~3倍，由于融资困难，企业只能够生产硅单晶这样的初级产品，这最终会影响企业的长远发展。因此，中科三环相对有研硅股来讲，产品与国际先进水平基本同步，所以中科三环从外部的知识和信息获取的量以及对这些信息加工处理的水平随着技术创新过程深入不断提高，而且能够同用户合作，共同开发新市场。中科三环相对有研硅股来，市场开发较快。表明企业的技术水平与国际领先水平差距越小，技术创新过程中信息获取和分析能力越强，企业市场占领也较快。

8.6.4 生产规模较小影响企业技术创新能力

国内企业的市场规模较小，以8英寸单晶炉为例，有研硅股只有7台，而国际领先企业如MEMC和LG等有近百台。国内企业在工艺创新过程中，即使有了较好的思路，由于规模生产的原因，设备供应商也不愿为国内企业生产满足其特殊需求的单晶炉，而国外领先企业由于规模较大，设备供应商愿意为其提供特殊规格的设备。这样就造成国内企业得不到先进的设备，只能获得市场上已有的设备。企业即使进行了详细的信息搜集和分析，在技术创新过程中由于无法购置需要的设备进行生产，对技术创新没有多大的指导意义。这也造成有研硅股相对国际领先企业，信息分析和处理能力较弱。不能通过差异化的设备生产差异化的产品，也就不能通过差异化创造企业的核心竞争能力。

8.6.5 国家产业政策失误影响企业创新战略制定

由于国家产业政策对国内企业的发展具有重要的指导意义，而且国家对符合产业政策的企业往往有政策上的优惠。因此，国家产业政策的制定不但要考虑国家战略需求和技术可行性，还应当考虑市场前景对产业发展的影响。国家在制定产业政策过程中，除了专家的意见外，还应当多听取企业的意见，因为企业技术创新最终由企业来完成。特别是在市场销售方面，来自高等学校和研究机构的专家对市场往往考虑过少。只有按照市场规律制定的产业政策才能指导企业获得技术创新市场上的成功。

8.6.6 研究机构和高等学校在科研和人才培养上同企业需求脱节

根据美国经济学家马奎斯（Marquis）对157个创新案例的研究显示，98个创新的构思是被来自于企业外部信息源的信息所激发，因此，外部的信息对企业技术创新具有重要作用。北京拥有清华大学、北京航空航天大学、北京科技大学和中国科学院等全国一流的材料科学人才培养和研究开发的基地。但是，从创新系统角度对企业技术创新过程研究后发现，虽然两家企业都地处北京这样一个材料科研和人才培养的基地，但是缺乏满足企业需求的人才和能够解决企业实际问题的技术。大学和研究机构的教学和科研严重脱离企业技术创新的实际，造成人力和科研资金的严重浪费，影响了企业从创新系统中获得人才和技术，最终影响了企业技术创新。

8.7 技术创新政策工具分析

要针对企业技术创新过程存在的问题制定科学的技术创新政策，就必须了解技术创新政策的概念和其所包括的具体政策工具。科学、技术和创新政策都是技术创新政策的一部分：科学政策主要面向技术供给方面；技术政策由于其包括单一学科的科学研究到多学科的商业化应用而较难定义；技术创新政策主要是面向新产品、新工艺和新市场，目的是为了提高区域的竞争优势。

罗斯韦尔（Rothwell）将影响企业技术创新的因素概括为技术知识、人力资源、市场信息、管理技术、技术创新财力资源、R&D 环境、国内市场和国际市场等方面。同时，罗斯韦尔将可能的技术创新政策归结为三类。

（1）技术创新的供给政策：主要包括提供财政援助，人力和技术支持，建立科学和技术基础知识。

（2）技术创新的需求政策：地方和中央政府购买创新产品、工艺和服务或签订购买合同。

（3）技术创新环境：税收政策和专利保护政策等。

这些技术创新政策的详细分类见附表 7。由于国内许多企业都为国有企业，这一点同国外的情况有所不同。本书研究的有研硅股和中科三环都为国有企业，而且国家投资建立的多数企业也多为国有企业或国有控股企业。因此，国家建立新的国有企业上这一点的作用同国外公共企业不同，新建企业对拉动国内需求也具有重要作用。与罗斯韦尔不同，本书将新建国有企业作为扩大国内需求的重要政策手段。

8.8 解决北京新材料企业技术创新瓶颈的政策建议

调研表明，中科三环和有研硅股认为在技术创新过程中主要缺少的是研究开发资金。除了资金要素外，从对几家新材料企业技术创新过程的分析来看，在企业技术创新过程中，政府政策制定导向、市场竞争状况、企业信息分析与处理能力、企业生产规模和技术差距等问题是制约当前北京新材料企业技术创新的重要因素。下面针对企业在技术创新过程中存在的各种问题，利用罗斯韦尔的政策工具，提出相应的技术创新的政策建议。

8.8.1 解决研究开发资金不足的政策建议

中科三环和有研硅股两个企业认为在技术创新过程中，主要缺少的是研究开发和购置设备的资金，认为政府应当在税收减免和政策性贷款方面对企业进行支持。材料产品主要是由工艺来决定性能，依靠性能主导市场。设备在很大程度上决定工艺创新的成败，而材料生产的设备比较昂贵，这严重制约了我国新材料企业的技术创新过程。这表明北京地区政府和中央政府在财政和税收方面的政策不能满足企业的要求，导致企业技术创新所需的资金不足，阻碍了企业的技术创新。中央和地方政府应当从财政和税收两方面改进技术创新政策，增加企业技术创新的资金来源。

8.8.2 缓解市场竞争压力的政策建议

政府在制定新材料产业技术创新政策过程中，应当从系统的角度出发，将新材料产业及其上下游产业作为一个整体来加以考虑，为新材料产业在创新初期提供良好的市场环境。比如将单晶硅片的生产同集成电路产业通盘考虑，因为国内集成电路芯片生产技术多为4、5、6英寸硅片，对8英寸单晶硅片的需求较小，使8英寸硅片直接面临国际市场的残酷竞争，不利于技术创新的成功。为了保证IC产品的稳定性，集成电路厂家不愿更换硅片供应商，这也是有研硅股8英寸抛光片市场开发困难的原因之一。同时只有位于国内的集成电路企业（主要是三资企业，比如摩托罗拉和华虹 NEC)，才愿意试用有研硅股的 8 英寸抛光片，这就为 8 英寸抛光片在市场上获得成功提供了机遇。而国外集成电路企业由于地缘问题，也不会考虑使用有研硅股生产的 8 英寸硅片，使企业市场开拓较为困难。国外企业在 8 英寸硅片上取得成功的主要原因是其国内有着大量使用 8 英寸硅片集成电路企业。这表明国内外的市场环境都不利于 8 英寸单晶硅技术创新取得成功。国家应当建立使用 8 英寸硅片的集成电路企业，提高我国集成电路产业的技术水平，才能充分发挥国内企业的地缘优势，拉动单晶硅产业的技术进步。

8.8.3 增强企业信息搜集和分析方面的政策建议

政府在制定产业政策时，应当以企业为中心，按照企业的需求和市场规律办事，减少企业在技术创新过程中等待政府政策的现象。这样不但能够使企业及时抓住创新时机，还能够促进企业在技术创新过程中对信息的搜集和分析。同时，政府应当发挥区域创新网络的优势，促进各种创新主体间的相互作用，使企业在相互学习中不断获得有关技术创新的信息，增强企业信息获取的能力和途径。通过各种机构间的相互作用，提高企业对技术创新过程中信息的分析处理能力，减少技术创新的盲目性，加快技术创新的步伐，尽早使国内新材料企业的技术水平达到国际先进水平。比如钕铁硼，国内虽然有研究院所能够开发出性能好的稀土永磁钕铁硼，但是由于工艺较差，无法从事规模生产。同时由于知识产权和技术保密等原因，企业与科研院所合作困难。造成社会资源的浪费和重复劳动，制约了国内的技术创新。政府应当利用教育、信息和科技等政策工具，为企业技术创新培育良好的环境。

8.8.4 解决生产规模较小问题的政策建议

国内企业的规模普遍较小，这是我国存在的现实问题。在市场经济的条件下，由国家出资建立一个大规模企业不但可能违反市场规律，同时由于资金约束，也是不现实的。因此，国家和地区政府应当在创新环境方面出台政策，鼓励企业合并。这样有助于企业在市场规律的指导下，通过合并、兼并和重组等多种手段，不断扩大企业的生产规模。在此过程中，政府切忌"拉郎配"，违反市场规律。

8.8.5 解决技术差距问题的政策建议

中科三环由于同国外企业技术差距较小，市场占领较快，可以同国外领先企业在中高档产品上进行竞争。中科三环已经具有批量生产 N48 和 N50 的能力。对于 8 英寸单晶硅抛光片，由于与国外技术相差较大，当有研硅股投入生产时，该项技术在国际市场上已经成熟，市场竞争较为激烈。同时，由于集成电路企业对硅片供应商的合作惰性，使企业市场开拓困难，技术创新的最后阶段很难获得成功。因此，应在技术可行的情况下，越过一些技术阶段，直接针对技术和市场上还未成熟的产品入手，以技术跨越方式获得技术创新的成功。目前，有研硅股已经能够生产 12 英寸硅单晶和拉制 18 英寸硅单晶，并且每月可以出售 500 千克~1 000 千克 12 英寸硅单晶，企业还能从中盈利。这基本与国际同步，而且国际上还没有 12 英寸单晶硅片的生产线，只有中试线。在 12 英寸硅片还没有成为主流产品之前，政府应当从国家战略角度出发，支持此类项目的进一步深入进行。政府在对技术进行支持的过程中，应当以国际领先技术为重点支持对象。对于国际市场上成熟的技术（比如 8 英寸单晶硅），应当通过市场机制，由企业自行选择。这需要国家制定发展 12 英寸硅片产业的计划，鼓励 12 英寸单晶硅片技术发展，为企业从事 12 英寸单晶硅片技术创新提供良好的外部环境。

8.8.6 解决 8 英寸单晶硅生产不饱和的政策建议

由于 8 英寸主流硅片（主要用于生产 CPU 和内存条）竞争不过国外领先企业，为了充分利用 8 英寸硅片生产设备和工艺，应当开发具有核心技术的特殊产品，以满足特殊的市场需求，使 8 英寸硅片技术创新最终获得成功。随着大规模和超大规模集成电路及新型场控型高频电力电子器件的飞速发展，市场上对大直径重掺杂硅单晶需求日益看好。政府在制定半导体技术发展计划中，应当跨越 8 英寸主流硅片，将目标锁定在 12 英寸单晶硅技术上。同时，为了减少当前对 8 英寸单晶硅技术投资所造成的损失，政府应当在企业进行 8 英寸硅片技术创新过程中给予必要的支持，最终使 8 英寸硅片技术创新获得成功。通过培育企业的产品差异化能力，建立企业的竞争优势，提高企业的核心竞争力。

8.8.7 解决企业同公共研究机构和大学关系问题的技术创新政策

虽然国内许多高校和研究机构每年培养了大量材料方面的人才，但是满足企业需求的人才远远不足。比如，国外有很多精通解决 COP 问题计算机模拟方面的人才，但是国内没有几个人懂 COP 问题计算机模拟。

企业研究开发立足于工艺可行性，研究院所和高等学校研究开发的新材料虽然性能好，但是工艺可行性差，企业无法用于现实的生产。而产品性能的提高主要依靠工艺来实现，因此企业同研究机构和高等学校的合作存在着较为严重的问题。

企业与研究机构和高等学校合作涉及知识产权和技术保密等问题，较为复杂。因此两家企业在技术创新过程中以自主创新为主。

解决企业同研究机构和高等学校合作创新的问题可以采取技术经济网络理论。技术经济网络尽管由多种要素构成，但是按照卡隆（Callon）的观点，技术经济网络主要由科学、技术和市场三个极构成，同时包括将科学转化为技术的转化极和将创新产品生产、销售，以使其进入市场的开发和商业化极。基于技术经济网络的研究方法如图 8-8 所示。

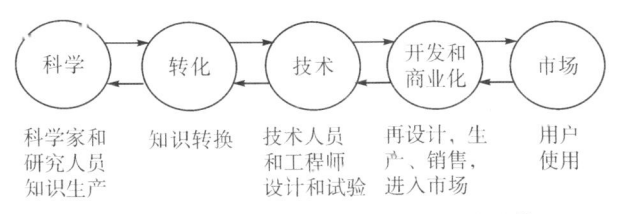

图 8-8　基于技术经济网络图的研究方法①

如图 8-8 所示，研究机构和高等学校的科学家和工程师的知识和技术，通过转化极的转换，变为企业技术人员和工程师掌握的技术。企业技术人员通过设计和试验使技术可以用于商业化生产。经过生产过程中的再设计，利用技术生产出创新产品，最后产品通过市场销售到达用户处。

利用技术经济网络，可将技术创新过程放在网络关系中研究，容易刻划技术创新过程中产、学、研合作对技术创新的作用，同时也有助于研究各种关系的变化发展状况。

对照技术经济网络图和两家企业在技术创新过程中存在的

---

① Gonard T. The Process of Change in Relationship Between Public Research and Industry: Two Case Studies from France [J]. R&D Management, 1999 (2): 143-152.

问题，可以发现在钕铁硼和单晶硅技术创新过程中，外部科学知识转化为企业使用技术环节存在问题，表明技术经济网络中的转化环节出现了问题。

为了给企业的研究开发活动创造一个良好的外部技术环境和人才资源环境，研究机构除了基础研究之外，在应用性研究上应当同企业需求相结合，使其成果符合企业的需求，克服科研和生产脱节的问题。

同样，高校和研究院所培养的毕业生从技术要求上往往同企业的实际需要相差较多。这就需要研究机构和高校在人才培养上，从企业需要出发，同企业共同培养人才。

公共研究机构同企业的合作关系的建立不是一蹴而就的，需要一个漫长的过程。正如林（Ring）所指出的那样："大多数不同机构间的关系建立是慢慢发展起来的，为了降低风险，这些关系首先始于较为不重要的相互依赖。随着这些较小规模合作不断在公平和效率的基础上完成，合作双方就会认为下一个更大规模合作比较可靠。这样双方的合作就会进化为一个相互依赖的网络。随着多次公平和有效率的合作成功，就会增加今后在更大规模上合作的可能性。"

因此，为了加快公共研究机构同企业在技术和人才培养上的合作，政府必须出面建立双方联系的纽带，通过制定相应的法律法规，规范双方的合作关系。比如政府可以建立研究中心，研究中心的人员来自高校、研究机构和企业多方面，企业提供车间作为试验场所，这样高校和研究机构的研究活动就会贯穿于整个技术经济网络之中，有利于研究成果尽快应用到企业。同时，通过企业实践培养的人才能够了解企业需求，使自己所学知识能够满足企业的需求。

8.9 总结与展望

测度区域创新系统中各创新主体的行为及其交互作用关系对区域创新系统性能的影响是创新系统研究的重要问题。本书基于演化和比较的观点,对我国各个省级区域创新系统进行了测度分析和比较研究,并对北京新材料企业创新过程进行了实证研究,得到如下结论:

第一,根据我国区域创新系统的实际情况,从开放系统的角度出发,建立了描述我国区域创新系统各个主体行为和其交互作用关系的理论分析框架。为了对区域创新系统进行比较研究,打破传统的区域划分方式,用专利申请量表示区域创新能力,按照创新能力将我国各地区分为三类。

第二,通过对区域创新系统知识流动的研究发现,在我国区域创新系统中,高等学校对企业技术创新的支持要普遍好于研究机构对企业技术创新的支持,研究机构在区域创新系统中的作用没有得到充分发挥。除个别地区外,随着区域创新能力的增高,区域创新系统内的高等学校和研究机构同企业的互动关系不断增强而且更为稳定。随着区域知识产出能力增强,吸收外部知识的能力增强,对外部知识的溢出增多,而利用外部知识的倾向减弱。各个地区知识溢出倾向基本同知识生产能力没有相关性,说明知识的溢出相对知识吸收来讲具有被动的特点。通过对各类创新系统内的知识流动的稳定性和有序度的研究发现,各类系统内的各个区域不同机构之间知识流动的相对强度和稳定性具有不同的特点。

第三,对各个地区创新能力分布的研究表明,高、中、低类创新能力地区之间不平衡是造成我国创新能力不平衡的主要原因，创新人力和财力投入的不平衡是创新能力分布不平衡的根本原因。对创新人力投入同创新能力关系的研究表明，高等学校创新人力投入对创新能力的影响最为显著，企业人力投入的效果最差。政府对企业 R&D 的直接投资不能有效促进区域创新能力的提高，企业自身的研究开发投资相对政府和银行对企业研究开发的投入更能有效促进区域创新能力的提高。企业对高等学校的财力投入的效果要远远高于其对研究机构的财力投入，同对知识流动的研究结果一样，表明企业同研究机构的合作效果较差。创新投入的演化分析表明，增强企业的研究开发投入是提高区域技术创新能力的主要途径。

第四，对区域创新系统创新绩效的研究表明，创新绩效同区域创新能力之间没有必然的联系，有些高创新能力地区具有较低的创新绩效，而有些低创新能力地区的创新绩效很高。各个地区影响创新绩效的因素没有一定的规律，每个地区都有其制约创新绩效的不同瓶颈因素。基于可持续发展的区域创新绩效的研究表明，技术创新在可持续发展中的作用没有充分发挥。创新绩效的演化分析表明，很多地区的创新绩效呈现下降趋势，特别是许多低创新能力地区的下降趋势较为明显，增强了地区间的技术差距。不同研究开发产出的绩效比较研究发现，我国大部分地区的技术商业化意识较差。

第五，对区域创新环境同知识吸收和溢出关系的研究表明，较高的硬创新环境水平，特别是科技投入和信息化建设有助于创新系统的知识吸收和溢出，但是减弱了知识吸收的倾向。知识溢出的倾向与硬创新环境水平没有必然的关系。在对区域间知识流动的研究中发现，地区间过大的知识生产能力差距不利于知识流动。地区间知识生产能力差距较小时，当引证地区相对被引文地区知识生产能力较弱时，随着地区差距的减小，引证地区吸收其知识的能力有增强的趋势；当引证地区相对被引文地区知识生产能力较强时，随着地区差距的减小，引证地区吸收其知识的能力有减弱的趋势。对区域创新软环境的研究表明，良好的创新软环境能够促进知识在不同创新主体之间的流动。创新人力投入、财力投入和人均科技经费投入同创新能力的函数关系表明：创新投入先表现为边际收益递减，另外三种投入都表现为先边际收益递减，当投入达到一定临界点时，即达到函数关系的拐点后，边际收益都从递减转化为递增。

第六，从区域创新系统和区域经济增长、技术选择机制、可持续发展观念、对绿色技术创新推动和产业结果进化等多角度出发，建立了描述区域创新系统同区域可持续发展交互作用关系的机理分析框架。

第七，根据提出的基于工艺创新的创新过程三维模型和基于创新系统的企业技术创新过程模型，对北京新材料企业创新过程进行实证分析后得出：市场竞争压力大、企业信息搜集和加工能力较弱、技术差距过大、生产规模较小、国家产业政策失误，以及研究机构和高等学校在科研和人才培养上同企业需求脱节是影响目前北京新材料企业技术创新的因素。

本书从比较分析和演化的角度对我国区域创新系统进行了研究，取得了一些研究成果，但有许多创新系统的问题需要进一步的研究，主要有以下几个方面：

第一，创新能力准确测度问题。虽然发明专利是国际上通用的国家和区域创新能力的测度指标，但是发明专利毕竟不是创新的最终产出。通过对全国所有区域的各个企业进行技术创新调查可以准确测度区域创新能力，但是由于成本太大，很难进行。如何通过经济投入和产出指标，运用数学方法从经济指标中分离出区域技术创新能力，需要进一步的研究。

第二，区域创新系统知识流动的范围较为广泛，既包括显性知识流动，也包括隐性知识流动。通过技术创新的问卷调查，可以更为详细地分析区域创新系统知识流动的状况以及知识流动的瓶颈因素。在许可的条件下，可以对区域创新系统知识流动状况进行更为深入和广泛的研究。

第三，测度创新系统创新绩效还未突破既有研究思路的范畴，只是从区域创新投入和创新产出的 DEA 模型研究了各个区域创新绩效以及创新投入对创新绩效的影响。对创新能力同创新投入的关系采取多元统计分析方法进行研究。以上研究虽然是研究创新投入和产出的较好方法，但是缺乏对创新系统各种要素间关系的详细数理方法描述，这需要投入更多的工作。

第四，对企业的技术创新过程进行实证研究虽然能够揭示制约企业技术创新过程瓶颈因素，但是覆盖企业的面较小。将企业实证研究与大样本调查相结合，研究制约我国企业技术创新过程的因素是今后的工作中应当重视的地方。

参考文献

[1] GRILICHES Z. Productivity Puzzles and R&D: Another Non-Explanation, Journal of Economic Perspectives [J]. 1988, (2): 9-21.

[2] GRILICHES Z. Productivity, R&D, and the Data Constraint [J]. American Economic Review, 1994, 84: 1-23.

[3] COE D. HELPMAN E. International R&D Spillovers [J]. European Economic Review, 1995, 39: 859-887.

[4] Bonvillian W. Science at A Crossroads [J]. Technology in Society, 2002, 24: 27-39.

[5] ZENG J. Innovative Vs. Imitative R&D and Economic Growth [J]. Journal of Development Economics, 2001, 64: 499-528.

[6] SAMUELSON P, NORDHAUS P. Economics [M]. 16th ed. Boston, Mass: Irwin McGraw-Hill, 1998.

[7] ROMER P. Increasing Return and Long-Run Growth [J]. Journal of Political Economy, 1986, 94 (5): 1002-1037.

[8] ROMER P. The Origins of Endogenous Growth, Journal of Economic Perspectives [J]. 1994, 12: 3-22.

[9] MOWERY D. Rosenberg, N., Technology and the Pursuit of Economic Growth [M]. Cambridge: Cambridge University Press, 1989.

[10] ROSENBERG N. Technology and American Economic Growth [M]. New York, White Plains, M. E. Sharpe, 1972.

[11] GIBBONS M. The New Production of Knowledge: the Dynamics of Science and Research in Contemporary Societies [M]. London: Sage, 1994.

[12] KLINE, S, ROSENBERG N. An Overview of Innovation. In: Landua, R, Rosenberg, N., Editors, The Positive Sum Strategy [M]. Washington: National Academy Press, 1986.

[13] Nelson R. Understanding Technical Changes as an Evolutionary Process [M]. Amsterdam: North-Holland, 1987.

[14] HIPPEL E. The Sources of Innovation [M]. Oxford: Oxford University Press, 1988.

[15] JOHANSSON B. Economic Networks and Self-organization, In: Bergman EM, Maier, G., Editors, Economic Networks, Innovation, and Local Development in Industrialized Countries [M]. London: Mansell, 1991.

[15] POWELL W. Neither Market Nor Hierarchy: Network Forms of Organization, In: Straw BM, Cummings LL, Editors, Research in Organizational Behavior [M]. Greenwich: JAI Press, 1990.

[16] DEBRESSON, C, AMESSE F. Networks of Innovators: A Review and Introduction to the Issue [J]. Research Policy, 1991, (20): 363-379.

[17] MATTHEWS J. Organizational Foundations of the Knowledge-based Economy, In: Foray D, Lundvall, B, Editors. Employment and Growth in the Knowledge-based Economy [R]. Paris, OECD, 1996, 157-180.

[18] HåKANSSON H. Corporate Technological Behaviour: Co-

operation and Networks [M]. London: Routledge, 1989.

[19] GELSING L. Innovation and the Development of Industrial Networks. In: Lundvall B, Editor. National Systems of Innovation: Towards A Theory of Innovation and Interactive Learning [M]. London: Pinter, 1992.

[20] GRANBERG A. On The Pursuit of Systemic Technology Policies in An Unstable Environment: Reflections on a Swedish Case [J]. Research Evaluation, 1996, 43-57.

[21] LIST F. The National System of Political Economy [M]. London: Longman, 1904.

[22] FREEMAN C. The National System of I Innovation in Historical Perspective [J]. Cambridge Journal of Economics, 1995, (19): 5-24.

[23] FREEMAN C. Technology and Economic Performance: Lessons from Japan [M]. London: Pinter, 1987.

[24] LUNDVALL B. National Innovation System: Toward a Theory of Innovation and Interactive Learning [M]. London: Pinter, 1992.

[25] NELSON R. National Innovation System: A Comparative Analysis [M]. New York: Oxford University Press, 1993.

[26] COOKE P, GOMEZ M, ETXEBARRIA G. Regional Innovation System: Institutional and Organizational Dimensions [J]. Research Policy, 1997, (26): 475-491.

[27] MILLER R, CôTé M. Growing the Next Silicon Valley: A Guide for Successful Regional Planning [M]. D. C. Health: Lexington, MA, 1987.

[28] HILPERT U. Regional Innovation and Decentralization: High-tech Industry and Government Policy [M]. London and New

York: Routledge, 1991.

[29] MALECKI E. Government Funded R&D: Some Economic Implications [J]. Professional Geographer, 1981, (33): 72-82.

[30] SWEENEY, P. Innovation, Entrepreneurs and Regional Development [M]. New York: St. Martin Press, 1987.

[31] HALL P, MARKUSEN A. Silicon Landscapes [M]. Boston: Allen and Unwin, 1985.

[32] DORFMAN S. Route 128: The Development of a Regional High Technology Economy [J]. Research Policy, 1983, (12): 299-316.

[33] SAXENIAN A. Regional Advantage: Culture and Competition in Silicon Valley and Route 128 [M]. Cambridge: MA, Harvard University Press, 1994.

[34] ACS Z, ANSELIN L, VARGA A. Patents and Innovation Counts as Measures of Regional Production of New Knowledge [J]. Research Policy, 2002, (31): 1069-1085.

[35] ACS Z. Regional Innovation, Knowledge and Global Change [M]. London: Pinter, 2000.

[36] MOTHE J. Local and Regional Systems of Innovation [M]. Amsterdam: Kluwer Academic Publishers, 1998.

[37] PADMORE T, GIBSON H. Modeling Systems of Innovation, Part II, A Framework for Industrial Cluster Analysis in Regions [J]. Research Policy, 1998, (26): 625-641.

[38] Cooke P, Uranga M, Etxebarria G. Regional Systems of Innovation: an Evolutionary Perspective, Environment and Planning [J]. 1998, (30): 1563-1584.

[39] DOLOREUX D. What We Should Know about Regional Systems of Innovation [J]. Technology in Society, 2002, (24): 243-263.

[40] COOKE P, MORGAN K. Growth Regions Under Duress: Renewal strategies in Baden-Württemberg and Emilia-Romagna. In: Amin A, A., Thrift, N. (Eds). Globalization, Institution and Regional Development in Europe [M]. Oxford: Oxford University Press, 1994.

[41] BARACZYK P, COOK P, HEIDENREICH R. Regional Innovation Systems [M]. London: University of London Press, 1996.

[42] PADMORE T, SCHUETZE H, GIBSON H. Modeling Systems of Innovation: An Enterprise-Centered View [J]. Research Policy, 1998, (26): 605-624.

[43] PORTER M. The Competitive Advantage of Nations [M]. New York: Free Press, 1990.

[44] ROMER P. Endogenous Technical Change [J]. Journal of Political Economy, 1990, (98): S71-S102.

[45] FURMAN J, PORTER M, STERN S. The Determinants of National Innovative Capacity [J]. Research Policy, 2002, (31): 899-933.

[46] LIU X, WHITE S. An Exploration into Regional Variation in Innovation Activity in China, International Journal of Technology Management [J]. 2001, 21 (12): 114-129.

[47] LIU X, WHITE S. Comparing Innovation Systems: a Framework and Application to China's Transitional Context [J]. Research Policy, 2001, (30): 1091-1114.

[48] National Research Council of Ganada. National systems of innovation [R]. Corporate Servicess, NCR, Ottawa, 1994.

[49] BRU J, COMES L, BEARD M. Are There Spillover Effects Between Coastal and Noncoastal Regions in China [J]. China Economic Review, 2002, (13): 161-169.

[50] EDQUIST C. Systems of Innovation, Technologies, Institutions and Organizations [M]. London and Washington: Pinter, 1997.

[51] MCKELVEY M. Delineating Evolutionary Systems of Innovation, In: Edquist, C., Editor, Systems of Innovation: Technologies, Organizations, and Institutions [M]. London: Pinter, 1997.

[52] CARLSSON B, STANKIEWICZ R. On the Nature, Function and Composition of Technological System. In Technological Systems and Economic Performance: The Case of Factory Automation [M]. Amsterdam: Kluwer Acadmic Publisher, 1995.

[53] ROSENBLOOM R. Technological Pioneering and Competitive Advantage: The Birth of the VCR Industry [J]. California Management Review, 1997, 29 (4): 51-76.

[54] ROTHWELL R, ZEGVELD W. Industrial Innovation and Public Policy: Preparing for the 1980s and the 1990s [M]. London: Frances Printer, 1981.

[55] ANDERSON E, LUNDVALL E. National Innovation Systems and the Dynamics of the Division of Labor. In: Edquist, C. (Ed.), Systems of Innovation: Technologies, Institutions and Organizations [M]. London: Pinter, 1997.

[56] MANSFIELD E. The Economics of Technological Change [M]. New York: Norton, 1968.

[57] MANSFIELD E. Academic Research and Industrial Innovation [J]. Research Policy, 1991, (20): 1-12.

[58] TEECE D. Profiting from Technological Innovation [J]. Research Policy, 1986, (15): 285-306.

[59] FREEMAN C. Networks of innovators: a Synthesis of Research Issues [J]. Research Policy, 1991, (20): 499-514.

[60] COOPER G. The New Product Process: An Empirically Based Classification Scheme [J]. R&D Management, 1983, (13): 1.

[61] GEISLER, E. The Metrics of Science and Technology [M]. Wesport CT and London: Quorum, 2000.

[62] GRILICHES Z. Issues in Assessing the Contribution of R&D to Productivity Growth [J]. Bell Journal of Economics, 1979, (10): 92-116.

[63] GRILICHES Z. Productivity, R&D and Basic Research at the Firm Level in the 1970s [J]. American Economic Review, 1986, (76): 141-154.

[64] VARGA A. Local Academic Knowledge Spillovers and the Concentration of Economic Activity [J]. Journal of Regional Science, 2000, (40): 289-309.

[65] CAPELLO R. In: Proceedings of the 41st Congress of the European Regional Science Association meetings on Spatial and Sectoral Characteristics of Relational Capital in Innovation Activity [C]. Zagreb, 2001, August 29-September 1.

[66] FISCHER M, VARGA A. Production of Knowledge and Geographically Mediated Spillovers from Universities. In: Proceedings of the 41st Congress of the European Regional Science Association meetings on A Spatial Econometric Perspective and Evidence from Austria [C]. Zagreb, 2001, August 29-September 1.

[67] ARCHIBUGI D. The Inter-Industry Distribution of Technological Capabilities, a Case Study in the Application of Italian Patenting in the USA [J]. Technovation, 1988, (7): 259-274.

[68] PILKINGTON A, ROMANO D, OMID T. The Electric Vehicle: Patent Data as Indicators of Technological Development [J]. World Patent Information, 2002, (24): 5-12.

[69] MEYER M. Tracing Knowledge Flows in Innovation Systems [J]. Scientometrics, 2002, (54): 193-212.

[70] CANIELS M. Regional Difference in Technology, Theory and Empirics [Z]. Merit Research Memorandum, 2/1996 - 009, Maastricht, 1996.

[71] PACI R, USAI S. Technological Enclaves and Industrial Districts, An Analysis of the Regional Distributions of Innovative in Europe [R]. CRENOS Working Paper, Cagliari, University of Cagliari, 1997.

[72] MAURSETH M, VERSPAGEM B. Knowledge Spillovers in Europe and Its Consequences for System of Innovation [R]. ECIS Working Paper, 98-001, 1998.

[73] PORTER M. Challenge to American's Prosperity, Findings from Innovation Index [Z]. Concil on Competitiveness, 1999.

[74] ARCHIBUGI D, PIANTA M. Measuring Technological Change Through Patents and Innovation Surveys [J]. Technovation, 1996, (16): 451-468.

[75] SCHMOCH U. Indicators and The Relationships Between Science and Technology [J]. Scientometrics, 1997, (38): 103-116.

[76] MACQUEEN J. Some Methods for Classification and Analysis of Multivariate Observations [C]. Proceedings of 5th Berkeley Symposium on Mathematical Statistics and Probability. Berkeley, CA: University of California Press, 1967, 281-297.

[77] ARROW K. The Economic Implications of Learning by Doing [J]. Review of Economic Studies, 1962, (5): 155-173.

[78] VERSPAGEN B. Endogenous Innovation in Neo-Classical Growth Models: A Survey [J]. Journal of Macroeco-nomics, 1992,

(14): 631-662.

[79] FAGERBERG J. Technology and International Differences in Growth Rates [J]. Journal of Economic Literature, 1994, 1147-1175.

[80] LICHTENBERG F, POTTELSBERGHE V, POTTERIE B. International R&D Spillover: A Re-Examination [R]. National Bureau of Economic Research, Cambridge, MA Working Paper, No. 5668, 1996.

[81] ENGELBRECHT H. 1997 International R&D Spillovers Amongst OECD Economies [J]. Applied Economics, 1997, (4): 315-319.

[82] PATEL P. Indicators for Systems of Innovation and System Interaction - Technological Collaboration and Inter-active Learning [R]. IDEA report 11, 1998.

[83] HICKS D. University-Industry Alliances as Revealed by Joint Publications [Z]. Science Policy Research Unit (SPRU), Sussex University, 1993.

[84] HICKS D, KATZ S. Systemic Bibliometric Indicators for the Knowledge-Based Economy [C]. the OECD Workshop on New Indicators for the Knowledge-Based Economy, Paris, 1996.

[85] LIANG, L, ZHU L. Major Factors Affecting China's Inter-Regional Research Collaboration: Regional Scientific Productivity and Geographical Proximity [J]. Scientometrics, 2002, (55): 287-316.

[86] ROGERS M, TAKEGAMI S, YIN J. Lessons Learned About Technology Transfer [J]. Technovation, 2001, (21): 253-261.

[87] HENDERSON R, JAFFE B, TRAJTENBERG M. Univer-

sities as A Source of Commercial Technology: A Detailed Analysis of University Patenting [J]. The Review of Economics and Statistics, 1998, (13): 119-127.

[88] WIIG H. An Empirical Study of the Innovation System in Finnmark [R]. STEP Report, Studies in Technology, Innovation and Economic Policy, Oslo, 1999.

[89] ARCHIBUGI D, MICHIE J. Innovation Policy in A Global Economy [M]. Cambridge: Cambridge University Press, 1997.

[90] NELSON R, PHELPS E. Investment in Humans, Technological Diffusion, and Economic Growth [C]. American Economic Review Proceedings, 1966, 56, 3.

[91] SHORROCKS R. The Class of Additively Decomposable Inequality Measures [J]. Econometrica, 1980, (48): 613-625.

[92] SOLOW R. Technical Change and The Aggregate Production Function [J]. The Review of Economics and Statistics, 1957, (39): 312-320.

[93] KENDALL M. Multivariate Analysis [M]. London: Charles Griffin & Company Limited, 1975.

[94] GUJARATI D. Basic Econometrics [M]. New York: McGraw-Hill, 1995.

[95] HOERL E, KENNARD W. Ridge Regression: Biased Estimation for Non-orthogonal Problems [J]. Technometrics, 1970, (12): 55-58.

[96] HOERL E, KENNARD W. Ridge Regression: Application for Non-orthogonal Problems [J]. Technometrics, 1970, (12): 69-72.

[97] GULLEC D, POTTELSBERGHE B. The Impact of public R&D Expenditure on Business R&D [R]. The OECD DSTI Working

Papers, 2000, 4.

[98] CHARNES A, COOPER W, RHODES E. Measuring the Efficiency of Decision Making Units [J]. European Journal Operational Research, 1978, (2): 429-444.

[99] ASISH S, RAVISANKAR S. Rating of Indian Commercial Banks: A DEA Approach [J]. European Journal of Operational Research, 2000, (124): 187-203.

[100] CARLOSA M, CONCEPCIóNA R. An Application of DEA to Measure the Efficiency of Spanish Airports Prior to Privatization [J]. Journal of Air Transport Management, 2001, (7): 149-157.

[101] CHARNES A, COOPER W, LI S. Using DEA to Evaluate Relative Efficiencies in the Economic Performance of Chinese Cities [J]. Socio-Economic Planning Sciences, 1989, (23): 324-325.

[102] CHARNES A, COOPER W, GOLANY B, SEIFORD L, STUTZ J. Foundations of Data Envelopment Analysis for Pareto-Koopmans Efficient Empirical Production [J]. Journal of Econometrics (Netherland), 1985, (30): 91-107.

[103] BANKER D. Estimating Most Productive Scale Size Using Data Envelopment Analysis [J]. European Journal Operational Research, 1984, (17): 35-44.

[104] ZHANG P, GUTH Y. Linear Production Functions and DEA [J]. European Journal Operational Research, 1991, (52): 215-223.

[105] BRUNDTLAND H. Our Common Future [M]. Oxford: Oxford University Press, 1987.

[106] WCED. Our Common Future [M]. Oxford: Oxford University Press, 1987.

[107] SIMON H. Technology and Environment [J]. Management Science B (Application), 1973, (10): 1110-1121.

[108] RUTTAN V. Technology and the Environment [J]. American Journal of Agricultural Economics, 1971, (53): 707-717.

[109] KEMP R, SOETE L. The Greening of Technological Progess: An envolutionary perspective [J]. Future, 1992, 437-457.

[110] KRABBE J. Nature Income and Nature: Externalities, Growth and Steady State [M]. Dordrecht: Kluwer Academic Publishers, 1992.

[111] GRILICHES Z. The Search for R&D Spillovers [J]. Scandinavian Journal of Economic Literature, 1992, (4): 1661-1797.

[112] COE D, HELPMAN E. 1995 International R&D Spillovers [J]. European Economic Review, 1995, (39): 859-887.

[113] GUPTA A, GOVINDARAJAN V. Knowledge Flows within Multinational Corporations [J]. Strategic Management Journal, 2000, (21): 473-496.

[114] ABRAMOVITZ M. Catch-up and Convergence in the Postwar Growth Boom and After. In: Baumol, W. J., Nelson, R. R., Wolf, E. N. (Eds.), Convergence of Productivity Cross-National Studies and Historical Evidence [M]. Oxford: Oxford University Press, 1994.

[115] COHEN M. Levinthal, A., Innovation and Learning [J]. The Two Faces of R&D, Economic Journal, 1989, (99): 569-596.

[116] WATANABE C, ZHU B, GRIFFY-BROWN C, ASGARI B. 2001 Global Technology Spillover and Its Impact on Industry's R&D Strategies [J]. Technovation, 2001, (5): 281-291.

[117] WATANABE C, TAKAYAMA M, NAGAMATSU A,

TAGAMI T, GRIFFY-BROWN C. Technology Spillover as a Complement for High-Level R&D Intensity in The Pharmaceutical Iindustry [J]. Technovation, 2002, (22): 245-258.

[118] DAVELAAR E. Regional Economic Analysis of Innovation and Incubation [M]. Aldershot: UK, Avebury, 1991.

[119] MADDEN G, SAVAGE S. R&D Spillovers, Information Technology and Telecommunications, and Productivity in ASIA and the OECD [J]. Information Economics and Policy, 2002, (12): 367-392.

[120] CAMAGNI R. Local 'Milieu', Uncertainty and Innovation Networks: Towards A New Dynamic Theory of Economic Space. In: Camagni R, Editor, Innovation Networks: Spatial Perspectives [M]. London: Belhaven Press, 1991.

[121] NELSON R. The Sources of Economic Growth [M]. Cambridge, MA: Harvard University Press, 1996.

[122] AYRES R. Theories of Economic Growth [R]. Paris: INSEAD Working Paper (13), 1997.

[123] REES J. Equity and Environment Policy [J]. Geography, 1991, (76): 292-303.

[124] STEVEN B, DAVID R. Urban Sustainability Technology Evaluation in a Distributed Object-Based Modeling Environment [J]. Computers Environment and Urban Systems, 2003, (27): 143-161.

[125] DOSI G, FREEMAN C, NELSON R, SILVERBERG G, SOETE L. Technical Change and Economic Theory [M]. London: Pinter, 1988.

[126] SHAPIRO C, VARIAN H. Information Rules. A Strategic Guide to The Network Economy [M]. Boston, MA: Harvard Business School Press, 1999.

[127] MARJOLIJN C, JAN C, ENDE V, PHILIP J. Flexibility

strategies for sustainable technology development [J]. Technovation, 2001, (21): 335-343.

[128] NOOTEBOOM B. Innovation and Inter-firm Linkages: New Implications for Policy [J]. Research Policy, 1999, (28): 793-805.

[129] SABINE U, SIGRID S. Endogenous Preferences and Sustainable Development [J]. Journal of Socio - Economics, 2002, (31): 511-527.

[130] DUCHIN F, LANGE G, M. The Future of the Environment: Ecological Economics and Technological Change [M]. New York: Oxford University Press, 1994.

[131] EDITORIAL. Introduction: Higher Education for Sustainable Development [J]. Higher Education Policy, 2002, (15): 99-103.

[132] ABERNATHY W, UTTERBACK J. Patterns of Industrial Innovation [J]. MIT Technology Review, 1975, 80 (7): 2-9.

[133] XU Q, CHEN J, GUO G. Perspective of Technological Innovation and Technology Management in China [J]. IEEE Transactions of Engineering Management, 1998, (4): 381-387.

[134] SCHMOOKLER J. Invention and Economic Growth [M]. Cambridge: Harvard University Press, 1966.

[135] ABERNATHY W, CLARK K, KANTROW A. Industrial Renaissance: Producing a Competitive Future for America [M]. New York: Basic Books, 1983.

[136] DAGHFOUS A, WHITE R. Information and Innovation, A Comprehensive Representation [J]. Research Policy, 1994, (23): 267-280.

[137] WHITE G, GRAHAM W. How to Spot a Technological Winner [J]. Harvard Business Rewiew, 1978, 36 (2): 146-152.

[138] LEE L. Technology Development Process: A Model for Developing Country With A Global Perspective [J]. R&D Management, 1988, (18): 235-250.

[139] PAPINNIEMI J. Creating A Model of Process Innovation for Reengineering of Business and Manufacturing [J]. Int. J. Production Economics, 1999, 60-61, 95-101.

[140] JOSEPH Z, CHIU Y, YOU C. A Cross-National Comparative Analysis of Innovation Policy in The Integrated Cir cuit Industry [J]. Technology in Society, 2001, (23): 227-240.

[141] JACOBS D. Innovation Policies Within the Framework of Internationalization [J]. Research Policy, 1998, (27): 711-724.

[142] CALLON M, LAREDO, RANEHARISOA V, GONARD T, LERAY T. The Management and Evaluation of Technological Programs and the Dynamics of Techno-Economic Networks: The Case of A. F. M. E [J]. Research Policy, 1992, (21): 215-236.

[143] GONARD T. The Process of Change in Relationship Between Public Research and Industry: Two Case Studies from France [J]. R&D Management, 1999, (2): 143-152.

[144] RING S, VEN, V. Developmental Processes of Cooperative Interorganizational Relationships [J]. Academy of Management Review, 1994, (1): 90-118.

[145] 傅家骥. 技术创新学 [M]. 北京: 清华大学出版社, 1998.

[146] 吴光宗, 戴桂康. 现代科学技术革命与当代社会 [M]. 北京: 北京航空航天大学出版社, 1995.

[147] 王小鲁. 中国经济增长的可持续性与制度变革 [J]. 经济研究, 2000, (7): 3-15.

[148] 张神根. 建立社会主义市场经济体制的目标是如何提

出来的 [N]. 人民日报, 2001-07-01.

[149] 柳卸林. 技术创新经济学 [M]. 北京: 中国经济出版社, 1993.

[150] 李正风, 曾国屏. 中国技术创新系统 [M]. 济南: 山东教育出版社, 1999.

[151] 尚勇, 朱传柏. 区域创新系统的理论与实践 [M]. 北京: 中国经济出版社, 1999.

[152] 王缉慈. 创新的空间——企业集群与区域发展 [M]. 北京: 北京大学出版社, 2001.

[153] 中国科技发展研究报告研究组. 中国科技发展报告 [M]. 北京: 经济管理出版社, 1999.

[154] 中国科技发展研究报告研究组. 中国科技发展报告 [M]. 北京: 社会科学文献出版社, 2000.

[155] 中国科技发展战略研究小组. 中国科技发展研究报告 [M]. 北京: 中共中央党校出版社, 2001.

[156] 中国科技发展战略研究小组, 中国区域创新能力报告 [M]. 北京: 中共中央党校出版社, 2002.

[157] 黄鲁成. 关于区域创新系统研究内容的讨论 [J]. 科研管理, 2000, (5): 43-48.

[158] 赵捷, 柳卸林. 从专利申请看我国技术创新之短 [J]. 瞭望新闻周刊, 1999, (47): 46-47.

[159] 朱丽兰. 知识正在称为创新的核心 [N]. 人民日报, 1998, 7.

[160] 柳卸林. 21世纪的中国技术创新系统 [M]. 北京: 北京大学出版社, 2000.

[161] 李若溪. 科技期刊传播系统及其创新 [J]. 编辑学报, 2001, 13 (4): 187-189.

[162] 朱献有. 中国科学计量指标: 论文与引文统计 (2011

年卷)[M]. 北京：中国科学院文献情报中心, 2000.

[163] 苏敬勤. 产学研合作创新的交易成本及外部化条件[J]. 科研管理, 1999, (5): 67-71.

[164] 潘谷平, 章滢. 高科技成果转化制约因素及对策探索[J]. 中国科技论坛, 2001, (5): 60-64.

[165] 戴汝为. 系统科学与复杂性科学//许国志. 系统科学与系统工程[M]. 上海：上海科技教育出版社, 2000.

[166] 林福永, 何敏. 一般系统结构理论//许国志. 系统科学与系统工程[M]. 上海：上海科技教育出版社, 2000.

[167] 韩文秀, 等. 复合系统及其协调的一般理论//许国志. 系统科学与系统工程[M]. 上海：上海科技教育出版社, 2000.

[168] 周国富. 中国经济发展中的地区差距问题研究[M]. 大连：东北财经大学出版社, 2001.

[169] 吴翊, 李永乐, 胡庆军. 应用数理统计[M]. 长沙：国防科技大学出版社, 1995.

[170] 任若恩, 王惠文. 多元统计数据分析——理论、方法、实例[M]. 北京：国防工业出版社, 1997.

[171] 秦宝庭, 吴景曾. 知识与经济增长[M]. 北京：科学技术文献出版社, 1999.

[172] 何晓群, 刘文卿. 应用回归分析[M]. 北京：中国人民大学出版社, 2001.

[173] 唐国兴. 计量经济学——理论、方法和模型[M]. 上海：复旦大学出版社, 1988.

[174] 蔡昉, 都阳. 中国地区经济增长的趋同与差异[J]. 经济研究, 2000, (6): 30-37.

[175] 王玲玲, 周纪芗. 常用统计方法[M]. 上海：华东师范大学出版社, 1994.

[176] 魏权龄, 岳明. DEA概论与C^2R模型——数据包络分

析（一）[J]. 系统过程理论与实践，1989，(1)：58-69.

[177] 朱乔，盛昭瀚. 数据包络分析模型与规模收益分析[J]. 系统工程学报，1993，(2)：54-60.

[178] 吴广谋，盛昭瀚. 指标特性与 DEA 有效性的关系[J]. 东南大学学报，1992，(5)：124-127.

[179] 盛昭瀚. DEA 理论、方法与应用[M]. 北京：科学出版社，1996.

[180] 董丽娅. 中国科技指标发展状况及关注的问题[J]. 科技管理研究，2001，(1)：3-9.

[181] 陈劲，刘景江，杨发明. 绿色技术创新审计指标测度方法研究[J]. 科研管理，2002，(3)：64-71.

[182] 杨发明. 企业绿色技术创新过程与模式研究[D]. 杭州：浙江大学，1999.

[183] 杨云锦. 煤炭工业节电的几个问题[J]. 机械制造与自动化，1994，(1)：25-28.

[184] 盖文启. 新产业区发展的区域创新网络研究[D]. 北京：北京大学，2001.

[185] 李向阳. 入世与企业信用[J]. 经济管理，2001，(7)：4-6.

[186] 熊彼特. 经济发展论[M]. 北京：商务印书馆，1991.

[187] 李卫. 重建信用环境，促进经济增长[J]. 改革，2000，(3)：42-43.

[188] 张其仔，颜咏红. 信用为什么缺失[J]. 经济管理，2001，(7)：19-21.

[189] 朱先奇，史彦虎. 制度创新与中国高等教育[M]. 北京：中国社会出版社，2006.

[190] 高程德. 法制与信用是建立市场经济的必要条件[J]. 北京大学学报（哲学社会科学版），1999，(1)：15-18.

[191] 鲁冠球. 要着力解决信用危机 [J]. 经济管理, 2001, (7): 7-8.

[192] 史清琪, 秦宝庭. 评价技术进步对经济增长作用的研究//姜均露. 经济增长中科技进步作用测算 [M]. 北京: 中国统计出版社, 1998.

[193] 亚当·斯密. 国民财富的性质和原因的研究 [M]. 北京: 商务印书馆, 1988.

[194] 彼罗·斯拉法. 政治经济学及赋税原理 [M]. 郭大力, 王亚南, 译. 北京: 商务印书馆, 1962.

[195] 方征. 绿色技术创新与企业的可持续发展 [J]. 广州市经济管理干部学院学报, 2002, (3): 49-51.

[196] 依田直. 三重困境——威胁世界生存的三大严重问题 [M]. 北京: 中国建材工业出版社, 2001.

[197] 世界银行. 绿色工业——社区、市场和政府的新职能 [M]. 北京: 中国财政经济出版社, 2001.

[198] 朱建荣. 树立绿色消费观培育新型消费需求 [J]. 商业研究, 2002, (10): 125-127.

[199] 简新华, 于波. 可持续发展与产业结构优化 [J]. 中国人口·资源与环境, 2001, (1): 30-33.

[200] 刘阳. 试论我国经济可持续发展中的技术支持 [J]. 科技进步与对策, 2001, (6): 23-24.

[201] 李京文. 技术进步于产业经结构概论 [M]. 北京: 经济科学出版社, 1988.

[202] 许庆瑞. 研究、发展与技术创新管理 [M]. 北京: 高等教育出版社, 2000.

[203] 美国国家研究委员会. 90年代材料科学与材料工程 [M]. 北京: 航空工业出版社, 1992.

附　录

附表1　　　　2010年发明专利申请量、
新产品产值、科技经费与科技人员数据

地区	科技经费投入（千元）	科学家与工程师（人）	新产品产值（亿元）	发明专利申请量（件）
北京	20 036 055	125 480	185.30	2 062
天津	2 906 476	36 613	269.92	240
河北	2 434 585	43 109	157.38	503
山西	1 716 127	29 472	36.67	275
内蒙古	546 265	15 540	40.17	198
辽宁	5 658 681	75 849	286.11	849
吉林	1 992 734	39 783	298.65	440
黑龙江	2 365 961	43 010	103.62	568
上海	14 372 925	84 387	1 159.74	1 047
江苏	10 329 605	104 062	871.33	827
浙江	3 615 013	34 988	270.51	587
安徽	2 372 451	33 422	174.90	285
福建	1 658 649	20 037	175.92	240
江西	1 093 688	27 460	88.09	221

附表1(续)

地区	科技经费投入（千元）	科学家与工程师（人）	新产品产值（亿元）	发明专利申请量（件）
山东	7 626 119	99 523	619.82	990
河南	3 170 436	54 726	117.02	601
湖北	5 481 261	73 480	229.40	506
湖南	2 420 204	43 586	64.03	628
广东	9 153 093	66 706	907.52	1 127
广西	1 053 987	20 513	205.29	232
重庆	1 702 141	25 935	112.40	191
四川	6 557 738	84 750	39.92	609
贵州	672 922	17 337	77.84	154
云南	1 334 642	16 955	24.29	190
陕西	5 243 565	66 118	29.80	373
甘肃	1 577 922	25 641	57.10	149
青海	272 707	4 124	2.16	39
新疆	747 736	19 296	78.42	143

注1：海南、宁夏与西藏由于新产品产值率缺失没有包括。
注2：不包括我国香港、澳门与台湾地区。
注3：数据来源于2011年的《中国统计年鉴》与《中国科技统计年鉴》。
注4：新产品产值由工业产值与新产品产值率估算。

附表 2 2008 年创新投入与 2010 年创新产出原始数据

地区	2008年各机构科学家工程师（人） 研究院所	企业	高校	2008年研究院所经费来源（千元） 政府	企业	银行	2008年企业经费来源（千元） 政府	银行	企业	2008年高校科研经费来源（千元） 政府	企业	2010年专利申请量（件）	2010年万元GDP综合能效（标准煤吨/万元）
北京	76 834	20 354	30 508	8 085 393	2 104 089	2 125 708	116 137	172 256	1 166 344	902 144	554 100	3 049	1.74
天津	12 580	17 242	9 238	531 703	345 206	755 591	51 667	243 046	961 457	90 561	785 834	470	1 074
河北	8 225	23 220	8 959	348 698	59 732	61 753	72 716	276 130	1 250 927	71 920	39 288	601	1.98
山西	7 456	17 441	5 523	335 017	32 047	127 476	755 142	203 702	614 045	67 934	18 158	338	4.15
内蒙古	5 167	6 190	3 986	204 175	25 851	22 685	64 577	35 237	119 164	10 886	5 443	234	2.54
辽宁	20 892	37 977	17 002	1 102 229	304 403	169 558	250 388	212 025	2 325 580	129 856	297 648	1 299	2.35
吉林	9 612	17 716	11 999	453 647	166 220	121 785	44 624	133 569	625 870	90 775	73 373	585	2
黑龙江	9 789	21 332	11 280	371 779	42 804	26 771	503 639	139 060	655 243	200 322	160 565	666	1.97
上海	27 790	44 935	19 148	1 877 150	1 193 309	866 806	389 508	1 277 258	5 635 709	322 521	627 512	4 713	1.23
江苏	20 273	58 893	27 139	1 311 447	528 965	443 188	307 453	1 185 882	4 741 676	391 473	44 405	1 160	1.01
浙江	7 325	14 705	9 814	478 955	132 908	114 349	68 253	375 350	1 667 895	12 247	2 990 024	859	0.96
安徽	7 755	14 047	9 588	319 497	69 943	97 012	121 708	378 927	905 797	190 484	58 320	301	1.55
福建	4 149	7 569	6 700	209 181	27 327	5 523	54 675	269 490	786 164	107 484	21 866	377	0.76
江西	4 735	14 132	6 414	240 385	17 297	82 808	34 863	92 579	454 250	22 249	9 549	267	1.05
山东	13 198	57 675	15 648	620 349	201 872	145 229	344 775	1 152 695	4 216 219	148 750	46 095	1 245	0.97
河南	13 279	31 484	11 592	576 765	793 704	280 031	131 708	178 971	1 315 929	51 333	22 558	655	1.57
湖北	16 979	29 013	19 652	1 046 259	215 364	155 419	174 946	608 213	1 550 831	215 527	228 644	771	1.49

附表2(续)

地区	2008年各机构科学家工程师(人)			2008年研究院所经费来源(千元)				2008年企业经费来源(千元)				2008年高校科研经费来源(千元)			2010年专利申请量(件)	2010年万元GDP综合能效(标准煤吨/万元)
	研究院所	企业	高校	政府	企业	银行	政府	银行	企业	政府	企业		
湖南	8 734	23 125	11 334	453 976	1 318 138	146 544	107 298	112 331	697 726	127 293	68 124	814	1.12
重庆	4 735	14 130	6 410	240 380	17 290	82 800	34 860	92 570	454 240	22 240	9 540	750	1.00
广东	11 215	39 707	17 658	856 286	401 725	151 584	157 802	941 728	5 179 412	218 377	77 740	1 760	1.01
广西	5 167	9 053	4 575	220 498	46 801	43 795	29 853	64 299	469 032	21 451	5 999	252	1.27
海南	731	863	548	86 829	496	12 776	600	300	59 632	3 315	21	101	2.21
四川	28 206	62 594	20 657	2 024 490	694 128	434 970	494 727	571 377	2 100 738	294 737	197 825	990	4.36
贵州	3 663	7 856	2 422	163 275	4 547	5 750	70 985	35 365	301 938	8 559	658	173	1.61
云南	5 860	5 496	6 534	411 965	45 619	54 474	53 650	50 75	398 358	41 411	28 359	341	1.68
西藏	245	0	290	25 811	0	100	0	0	0	280	2	5	2.97
陕西	23 907	25 057	15 674	1 511 293	848 715	567 926	473 845	79 592	757 683	220 459	185 724	435	3.45
甘肃	8 154	79 220	3 759	521 774	68 906	81 994	63 886	56 620	529 454	27 904	25 425	221	3.27
青海	1 529	17 400	723	71 014	3 215	4 200	5 365	39 464	122 008	3 157	2	36	2.62
宁夏	1 390	2 889	887	64 602	2 070	22 095	19 851	19 347	154 571	1 525	0	112	4.36
新疆	4 121	6 321	2 166	181 613	9 080	11 670	45 448	25 110	386 752	9 806	4 074	179	0.76

注：数据来源2009年的《中国科技统计年鉴》和2011年的《中国统计年鉴》。

附表 3　　2008年按照机构划分投入的各地区创新绩效DEA模型计算结果

地区类别	地区	模型结果 C^2GS^2	C^2R	各种投入的影子价格 研人	企人	高人	研财	企财	高财	λ之和	各种投入的输入剩余 研人	企人	高人	研财	企财	高财
高创新能力地区	北京	1.00	1.00	0.00	0.03	0.00	0.01	0.37	0.00	1.00	0.00	0.00	0.00	0.00	0.00	0.00
	辽宁	0.69	0.69	0.00	0.00	0.00	0.52	0.08	0.01	2.23	11.75	19.48	17.36	3.99	11.90	9.15
	上海	1.00	1.00	0.04	0.02	0.07	0.03	0.01	0.01	1.00	0.00	0.00	0.00	0.00	0.00	0.00
	江苏	0.45	0.42	0.05	0.00	0.00	0.41	0.00	0.02	2.28	15.37	62.88	63.07	10.80	49.72	17.43
	山东	1.00	0.97	0.11	0.00	0.00	0.93	0.00	0.06	5.96	0.44	45.93	4.86	0.20	34.04	0.34
	广东	1.00	1.00	0.38	0.00	0.00	0.07	0.00	0.00	1.00	0.00	0.00	0.00	0.00	0.00	0.00
	四川	0.41	0.40	0.05	0.00	0.01	0.00	0.13	0.16	1.18	22.10	76.57	40.76	16.41	26.10	20.36
中创新能力地区	天津	0.48	0.48	0.00	0.00	0.06	0.21	0.37	0.05	0.88	8.58	15.22	15.74	4.02	8.94	14.12
	河北	1.00	0.92	0.00	0.00	0.00	2.36	0.00	0.00	3.57	1.52	14.94	4.52	0.30	2.91	0.60
	吉林	0.81	0.81	0.08	0.07	0.00	0.28	0.49	0.13	1.07	2.36	5.35	14.05	1.14	2.08	3.34
	黑龙江	1.00	1.00	0.06	0.00	0.03	1.85	0.07	0.00	1.00	1.00	0.00	0.00	0.00	0.00	0.00
	浙江	0.91	0.91	0.29	0.00	0.00	1.23	0.00	0.01	0.93	0.90	5.23	6.90	0.55	4.81	13.44
	河南	1.00	0.62	0.18	0.00	0.00	0.00	0.27	0.17	3.89	1.56	27.36	19.45	3.98	8.46	1.93
	湖北	0.47	0.47	0.00	0.01	0.00	0.57	0.10	0.00	0.50	14.01	24.79	43.50	6.15	17.09	18.32
	湖南	1.00	1.00	0.09	0.01	0.01	0.32	0.46	0.03	1.00	0.00	0.00	0.00	0.00	0.00	0.00
	陕西	0.31	0.30	0.09	0.00	0.02	0.00	0.23	0.08	0.52	21.85	28.96	36.08	16.78	12.61	19.59

附表3（续）

地区类别	地区	模型结果 C^2GS^2	C^2R	各种投入的影子价格 研人	企人	高人	研财	企财	高财	λ之和	各种投入的输入冗余 研人	企人	高人	研财	企财	高财
低创新能力地区	山西	0.56	0.55	0.00	0.00	0.01	1.60	0.24	0.02	1.70	4.88	15.16	8.06	1.79	5.93	2.63
	内蒙古	1.00	1.00	0.14	0.01	0.04	0.62	1.38	2.68	1.00	0.00	0.00	0.00	0.00	0.00	0.00
	安徽	0.45	0.44	0.00	0.05	0.00	1.75	0.10	0.00	0.41	5.96	12.46	19.02	2.19	10.70	9.51
	福建	1.00	1.00	0.20	0.00	0.02	3.66	0.05	0.07	1.00	0.00	0.00	0.00	0.00	0.00	0.00
	江西	0.85	0.70	0.50	0.00	0.00	0.00	0.74	0.47	1.42	1.88	13.66	13.54	0.89	2.42	0.66
	广西	0.80	0.69	0.00	0.04	0.00	2.10	0.50	0.13	1.59	2.57	4.51	7.07	0.79	2.38	0.59
	贵州	0.99	0.78	0.00	0.00	0.00	6.93	0.00	0.37	1.45	2.00	5.52	2.98	0.31	1.25	0.14
	云南	0.91	0.88	0.00	0.38	0.00	0.00	0.52	0.65	0.47	2.42	1.07	12.32	1.11	0.84	0.59
	甘肃	0.49	0.48	0.03	0.00	0.19	0.10	0.66	0.31	1.47	6.37	23.37	6.41	2.84	4.63	1.90
	青海	1.00	0.58	0.00	3.74	0.00	0.00	0.00	7.53	0.26	1.47	0.94	1.53	0.40	1.45	0.09
	重庆	1.00	0.57	0.00	0.00	0.00	0.12	0.00	0.10	0.27	2.00	1.00	1.01	2.07	0.72	0.06
	宁夏	1.00	1.00	0.49	0.22	0.38	1.51	0.39	46.53	1.00	0.00	0.00	0.00	0.00	0.00	0.00
	新疆	0.87	0.70	0.00	0.08	0.00	4.56	0.26	0.09	1.41	2.58	3.08	2.23	0.50	1.91	0.29

注：研人、企人和高人分别表示研究机构，企业和高等学校的人力投入，研财、企财和高财分别表示研究机构，企业和高等学校的财力投入。

附表 4　2008 年按照来源划分投入的各地区创新绩效 DEA 模型计算结果

地区类别	地区	模型结果 C^2GS^2	C^2R	各种投入的影子价格 人力	政府	企业	银行	λ之和	各种投入的输入剩余 人力	政府	企业	银行
高创新能力地区	北京	1.00	1.00	0.00	0.00	0.00	0.00	1.00	0.00	0.00	0.00	0.00
	辽宁	1.00	0.95	0.00	0.01	0.01	0.03	5.05	2.88	0.79	4.52	0.81
	上海	1.00	1.00	0.00	0.02	0.00	0.00	1.00	0.00	14.69	0.00	0.00
	江苏	0.34	0.33	0.00	0.02	0.01	0.00	0.37	62.39	14.69	47.43	48.64
	山东	0.63	0.61	0.00	0.08	0.00	0.00	0.26	48.75	4.73	33.45	31.84
	广东	0.77	0.76	0.00	0.07	0.00	0.00	0.37	26.84	3.36	38.55	12.75
	四川	0.39	0.37	0.00	0.00	0.01	0.00	2.04	54.90	20.02	25.25	27.54
中创新能力地区	天津	0.53	0.53	0.00	0.07	0.00	0.04	0.44	14.72	3.49	12.14	6.54
	河北	0.75	0.75	0.00	0.07	0.00	0.04	0.27	18.80	1.34	6.23	3.63
	吉林	0.80	0.80	0.00	0.08	0.04	0.00	0.63	8.74	1.31	2.36	2.50
	黑龙江	1.00	1.00	0.02	0.00	0.00	0.03	2.94	0.01	3.12	0.01	0.00
	浙江	0.76	0.76	0.00	0.05	0.00	0.03	0.31	8.42	1.75	10.63	5.08
	河南	0.59	0.59	0.00	0.05	0.03	0.00	0.43	26.48	3 045.00	8.49	8.74
	湖北	0.47	0.46	0.01	0.00	0.02	0.00	1.47	27.88	8.56	14.51	20.74
	湖南	1.00	1.00	0.00	0.07	0.03	0.01	1.00	0.01	0.00	0.01	0.00
	陕西	0.28	0.27	0.01	0.00	0.02	0.00	0.80	36.71	18.67	17.43	20.45

附表4（续）

地区类别	地区	模型结果			各种投入的影子价格				λ之和	各种投入的输入剩余			
		C^2GS^2	C^2R	人力	政府	企业	银行		人力	政府	企业	银行
低创新能力地区	山西	0.55	0.54	0.00	0.08	0.05	0.00	0.70	10.92	2.81	4.07	9.58
	内蒙古	1.00	1.00	0.03	0.07	0.02	0.16	1.00	0.00	0.00	0.00	0.00
	安徽	0.37	0.37	0.00	0.06	0.04	0.00	0.41	15.60	4.40	8.80	15.80
	福建	0.66	0.65	0.00	0.10	0.05	0.00	0.20	5.64	1.43	3.93	5.19
	江西	0.70	0.69	0.00	0.15	0.08	0.00	0.25	10.60	1.02	2.02	3.51
	广西	0.78	0.77	0.00	0.18	0.00	0.13	0.28	4.90	0.66	3.09	1.06
	贵州	1.00	0.93	0.00	0.00	0.04	0.47	0.88	1.60	0.25	0.29	0.13
	云南	0.99	0.99	0.03	0.00	0.00	0.12	1.12	0.19	1.76	0.09	0.06
	甘肃	0.43	0.43	0.02	0.00	0.00	0.08	0.89	13.99	3.99	4.80	3.46
	青海	1.00	0.36	0.12	0.02	0.37	0.00	0.06	1.84	0.56	1.08	1.30
	重庆	1.00	0.57	0.00	0.00	0.00	0.10	0.00	0.10	0.27	2.00	1.00
	宁夏	1.00	0.98	0.00	0.52	0.00	0.28	0.10	0.35	0.02	0.20	0.03
	新疆	1.00	1.00	0.04	0.04	0.01	0.27	1.00	0.00	0.00	0.00	0.00

注：政府、企业和银行分别表示来自这些机构的研究开发资金；人力表示高等学校、研究机构和企业的人力投入之和。

附表 5 2008 年按照机构划分投入的各地区可持续发展创新绩效 DEA 模型计算结果

地区类别	地区	模型结果			各种投入的影子价格					投入之和	各种投入的输入剩余					
		C^2GS^2	C^2R	研入	企入	高入	研财	企财	高财		研入	企入	高入	研财	企财	高财
高创新能力地区	北京	1.00	1.00	0.00	0.13	0.00	0.00	0.23	0.00	1.00	0.00	0.00	0.00	0.00	0.00	0.00
	辽宁	0.69	0.69	0.00	0.00	0.00	0.52	0.08	0.01	2.23	11.75	19.48	17.36	3.99	11.90	9.15
	上海	1.00	1.00	0.04	0.03	0.08	0.01	0.01	0.01	1.00	0.00	0.00	0.00	0.00	0.00	0.00
	江苏	0.49	0.42	0.33	0.00	0.00	0.00	0.01	0.02	2.31	15.30	62.69	62.65	10.81	49.52	17.36
	山东	1.00	0.97	0.11	0.00	0.00	0.93	0.00	0.06	5.96	0.44	45.93	4.86	0.20	34.04	0.34
	广东	1.00	1.00	0.51	0.00	0.00	0.07	0.00	0.07	1.00	0.00	0.00	0.00	0.00	0.00	0.00
	四川	0.41	0.40	0.05	0.00	0.01	0.13	0.13	0.05	1.18	22.10	76.57	40.76	16.41	26.10	20.36
	天津	0.58	0.51	0.00	0.14	0.03	0.17	0.23	0.00	1.78	8.03	13.38	14.70	3076.00	8.35	14.96
	河北	1.00	0.92	0.00	0.00	0.00	2.36	0.00	0.13	3.57	1.52	14.94	4.52	0.30	2.91	0.60
	吉林	0.81	0.81	0.08	0.07	0.00	0.28	0.49	0.00	1.07	2.36	5.35	15.05	1.14	2.08	3.34
	黑龙江	1.00	1.00	0.02	0.01	0.01	2.03	0.08	0.01	1.00	0.00	0.00	0.00	0.00	0.00	0.00
中创新能力地区	浙江	0.91	0.91	1.01	0.00	0.00	0.00	0.01	0.00	0.96	0.85	3.55	5.34	0.56	2.57	13.63
	河南	1.00	0.62	0.18	0.00	0.00	0.00	0.27	0.17	3.89	6.56	27.36	19.45	3.98	8.46	1.93
	湖北	0.49	0.47	0.00	0.02	0.00	0.46	0.12	0.00	1.88	12.20	24.41	44.05	6.06	16.83	22.08
	湖南	1.00	1.00	0.12	0.02	0.02	0.35	0.36	0.05	1.00	0.00	0.00	0.00	0.00	0.00	0.00
	陕西	0.39	0.40	0.14	0.03	0.00	0.00	0.24	0.00	1.96	20.41	26.25	35.02	17.49	11.78	22.93

附表5(续)

地区类别	地区	模型结果			各种投入的影子价格						投入之和	各种投入的输入剩余					
		C^2GS^2	C^2R	研人	企人	高人	研财	企财	高财		研人	企人	高人	研财	企财	高财
低创新能力地区	山西	0.56	0.55	0.00	0.00	0.01	1.60	0.24	0.02	1.70	4.88	15.16	8.06	1.79	5.93	2.63
	内蒙古	1.00	1.00	0.15	0.01	0.03	0.61	1.53	2.39	1.00	0.00	0.00	0.00	0.00	0.00	0.00
	安徽	0.52	0.48	0.00	0.23	0.06	0.50	0.15	0.00	1.69	5.41	11.70	18.19	2.06	10.04	13.52
	福建	1.00	1.00	0.43	0.04	0.01	3.05	0.02	0.03	1.00	0.00	0.00	0.00	0.00	0.00	0.00
	江西	1.00	0.98	0.37	0.00	0.00	0.00	0.97	0.00	2.93	0.10	8.23	10.93	0.45	0.13	1.72
	广西	1.00	0.93	0.26	0.12	0.00	0.00	0.86	0.00	2.66	0.45	0.98	4.38	0.23	0.51	1.30
	贵州	0.99	0.78	0.00	0.00	0.00	6.39	0.00	0.37	1.45	2.00	5.52	2.98	0.31	1.25	0.14
	云南	1.00	1.00	0.07	0.85	0.01	0.13	0.11	0.11	1.00	0.00	0.00	0.00	0.00	0.00	0.00
	甘肃	0.52	0.48	0.00	0.00	0.19	0.10	0.66	6.32	1.47	6.37	23.37	6.41	2.84	4.63	1.90
	青海	1.00	1.00	0.15	2.55	0.21	1.02	0.17	11.43	1.00	0.00	0.00	0.00	0.00	0.00	0.00
	重庆	1.00	0.57	0.00	0.00	0.00	0.10	0.00	0.10	0.27	2.00	1.00	1.01	2.07	0.72	0.06
	宁夏	1.00	1.00	0.69	0.17	0.49	2.59	0.40	34.64	1.00	0.00	0.00	0.00	0.00	0.00	0.00
	新疆	1.00	0.71	0.00	0.69	0.11	0.64	0.19	0.00	1.54	2.43	2.88	2.03	0.47	1.79	0.48

注：研人、高人和企业分别表示研究机构、高等学校和企业的人力投入；研财、高财和企财分别表示研究机构、高等学校和企业的财力投入。

附表6　　　　　　各地创新环境指标评分

地区	科技经费（万元）	人员（万人）	上网人员比例（％）	教育经费（万元）	创新环境分数（分）	区域创新报告分数（分）
北京	100	100	100	46.15	86.54	63.92
天津	16.22	30.16	4.44	15.92	16.69	31.04
河北	14.05	32.04	6.94	44.4	24.36	28.18
山西	7.28	24.94	1.67	22.76	14.16	22.78
内蒙古	4.19	12.82	0.83	15.55	8.35	23.15
辽宁	33.4	70.5	8.06	38.52	37.62	39.69
吉林	10.67	26.54	2.5	23.1	15.70	30.22
黑龙江	12.16	32.36	3.89	29.48	19.47	26.47
上海	77.04	69.06	22.22	48	54.08	54.63
江苏	55.03	99.9	16.39	76.02	61.84	44.59
浙江	17.24	24.21	10.28	50.3	25.51	35.93
安徽	12.32	33.48	5.56	31.21	20.64	24.55
福建	7.86	14.12	7.78	32.86	15.66	30.68
江西	5.6	25.88	1.94	17.62	12.76	19.32
山东	34.55	77.32	11.11	65.13	47.03	48.91
河南	16.42	53.88	7.78	52.63	32.68	27.51
湖北	27.3	58.44	16.67	43.86	36.57	28.2
湖南	14.45	38.3	5	43.34	25.27	28.86
广东	39.96	49.26	23.06	100	53.07	49.28
广西	5.07	13.88	3.61	26.29	12.21	20.18
海南	0.46	1.46	0.83	4.88	1.91	16.5
四川	41.99	98.38	6.67	59.25	51.57	29.66

附表6(续)

地区	创新环境指标评分				创新环境分数(分)	区域创新报告分数(分)
	科技经费(万元)	人员(万人)	上网人员比例(%)	教育经费(万元)		
贵州	3.07	16.39	1.11	10.34	7.73	16.5
云南	6.42	14.02	2.22	29.06	12.93	21.44
西藏	0	0	0	0	0.00	13.14
陕西	26.12	61.74	3.33	22.99	28.55	33.39
甘肃	7.32	25.46	1.39	12.5	11.67	17.76
青海	1.26	5.83	0.28	1.46	2.21	16.47
重庆	16.40	53.80	7.70	52.50	32.50	27.50
宁夏	1.33	3.02	0	1.94	1.57	18.74
新疆	4.09	9.54	0.28	17.15	7.77	24.5

附表7　　　　　　　　政府政策工具的分类

政策类型	政策工具	举例
供给方面	公共企业	国有企业技术创新，建立新企业，国有企业事业单位首先使用新技术，参与私营企业技术创新
	科学和技术开发	资助公共科学研究机构进行科技研究
	教育	一般教育，大学，技术培训，继续教育和培训，学徒
	信息	信息网络和中心，图书馆，咨询服务机构，数据库，中介服务，为各个机构的联系提供服务
环境方面	财政	贷款，补贴，资助企业研究开发，提供设备和场地，贷款担保，出口信贷
	税收	公司与个人的税收优惠
	法律	有关专利、环境、健康和反垄断的法律
	政治	政府计划，区域政策，创新奖励，鼓励企业合并，公共咨询
需求方面	政府购买	地方和国家政府购买，同国有企业的研究开发合同，原型产品购买
	公共服务	购买有关卫生、公共设施、交通、通信等方面的技术创新产品和技术，并对其实施监管
	商业	贸易协定，关税和货币兑换规则
	贸易	贸易保护组织

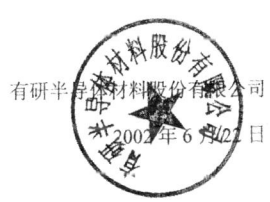

附录8 关于"新材料产业创新过程研究"应用情况证明

自2001年12月到2002年7月,北京航空航天大学管理学院在对我公司技术创新过程调查研究的基础上,结合新材料企业技术创新的特点和国际上先进的技术创新三维模型,提出了适合新材料企业技术创新过程的"基于工艺创新的创新过程模型"。在此基础上对我公司8英寸直拉单晶硅的技术创新过程进行了分析,对我公司今后技术创新具有重要的指导作用。

其主要做法是:根据"基于工艺创新的创新过程模型",分析我公司8英寸直拉单晶硅工艺创新过程各个阶段的信息分析和处理能力的关系,研究了工艺创新各个阶段企业面临的市场状况。并以此为基础,研究了我公司和美国MEMC电子材料公司在8英寸直拉单晶硅工艺创新过程各个阶段的不同特点。指出了国内企业在技术创新过程中,由于自身实力不够及政策导向问题,造成其信息搜集和分析加工能力较弱是国内企业技术创新的主要障碍。

另外,通过"基于工艺创新的创新过程模型"对我公司8英寸直拉单晶硅工艺创新过程分析所提出的政策建议与我公司面临的实际情况基本相同,表明该模型对新材料企业技术创新过程分析具有重要的理论和实际意义。

有研半导体材料股份有限公司
2002年6月22日

附录9　关于"新材料产业创新过程研究"应用情况证明

　　2001年12月到2002年7月间,北京航空航天大学管理学院在我公司有关同志配合下,对我公司技术创新过程进行了调查研究。根据我公司和国外竞争对手技术创新过程的特点,提出了适合新材料企业技术创新过程的"基于工艺创新的创新过程模型"。并利用该模型对我公司稀土永磁钕铁硼系列产品的技术创新过程进行了分析,指出了我们企业技术创新过程的特点。

　　所谓"基于工艺创新的创新过程模型",就是将三维技术创新过程模型的产品创新过程维替换为工艺创新过程维,将产品创新的市场应用维替换为产品市场竞争状况维,保留原三维技术创新过程模型的信息维。北京航空航天大学管理学院利用该模型分析了我公司稀土永磁钕铁硼系列产品的技术创新过程。

　　通过"基于工艺创新的创新过程模型"对我公司稀土永磁钕铁硼系列产品工艺创新过程分析所提出的政策建议符合我公司面临的实际情况。该模型具有一定的实际意义和理论价值。

北京中科三环高技术股份有限公司
2002年6月18日